filosofía

LA FILOSOFIA Y LAS ACTITUDES MORALES

por

FERNANDO SALMERÓN

siglo veintiuno editores, s.a. de c.v.
CERRO DEL AGUA 248, DELEGACIÓN COYOACÁN, 04310 MÉXICO, D.F.

siglo veintiuno de españa editores, s.a.
CALLE PLAZA 5, 28043 MADRID, ESPAÑA

siglo veintiuno argentina editores

siglo veintiuno editores de colombia, s.a.
CALLE 55 NÚM. 16-44, BOGOTÁ, D.E., COLOMBIA

portada de anhelo hernández

primera edición, 1971
cuarta edición, 1991

isbn 968-23-0317-6

ÍNDICE

PREFACIO

Se reúnen en este libro tres ensayos que intentan, desde distintos ángulos, variaciones de un mismo asunto. El asunto se puede presentar de una manera muy simple: se trata de afirmar una idea de la filosofía que considera el enfoque crítico como la característica suprema de esta actividad. Y la idea supone una distinción previa, que responde a los usos corrientes del término: al lado de esa actividad analítica y teórica que constituye la filosofía en sentido estricto, se habla también de filosofía como sabiduría, como concepción general del mundo y del hombre.

El primer ensayo, *Sobre la investigación en filosofía*, fue escrito a solicitud del doctor Juan David García Bacca para una publicación del Instituto de Filosofía de la Universidad Central de Venezuela, que debía reunir varias colaboraciones en torno al tema de los criterios de la investigación filosófica. Esto explica en parte su presentación esquemática y a la vez polémica, interesada en acentuar ciertos rasgos muy definidos frente a otras posibles maneras de abordar la cuestión y en llamar la atención sobre autores de influencia en la filosofía hispanoamericana, como Brentano y Husserl. Redactado en el segundo semestre de 1966, ha permanecido inédito. Durante los cursos de 1968 y 1969, una parte del artículo, a la que se añadieron algunas indicaciones bibliográficas y algunos ejemplos, circuló impresa en mimeógrafo entre un grupo de estudiantes de la Universidad Nacional de

México. Ahora se publica la versión íntegra y se mantienen aquellas adiciones.

Filosofía, ciencia y sociedad es una comunicación presentada a una reunión de científicos para el estudio del papel de la ciencia y la tecnología en el desarrollo económico, que tuvo lugar en la ciudad de México en octubre de 1967.[1] Lo mismo al tocar las relaciones entre ciencia y filosofía que al ilustrar con ejemplos contemporáneos de México ciertos cambios en la manera de concebir las tareas filosóficas incide sobre los temas de los otros ensayos acercándose a ellos por distinta vía. Más de un pasaje de estos desarrollos e ilustraciones podría parecer repetición, pero como no es literal y aparece en un diferente contexto puede no ser absolutamente superflua.

El tercer ensayo, que lleva el mismo título del volumen, fue escrito en el segundo semestre de 1968 y aborda otros aspectos del problema. A fines de abril de ese año dicté en la Universidad de Puerto Rico, a invitación del doctor Jorge Enjuto, un cursillo sobre los temas de este libro, utilizando principalmente materiales del primer ensayo. A lo largo de la empresa y sobre todo en la discusión final con quienes asistieron al cursillo, se planteó la necesidad de prolongar el desarrollo de algunos temas y consecuentemente la de redactar otro ensayo que respondiera a algunas de las cuestiones que el primero dejaba planteadas. Partiendo de la misma distinción entre filosofía

1. La ponencia fue publicada con el título *La filosofía, la ciencia y el desarrollo económico* en la revista *Espejo*, núm. 4, cuarto trimestre de 1967, pp. 49-73. Con el mismo título se imprimió posteriormente en el volumen *La filosofía y las matemáticas: su papel en el desarrollo (dos ensayos)*, de Fernando Salmerón y José Adem, Ediciones del Centro Nacional de Productividad, México, 1968, pp. 1-46.

y concepciones del mundo se estudian estas concepciones como expresión de actitudes morales en busca de orientación sobre el contacto teórico entre las dos formas de actividad intelectual y su posible compatibilidad práctica. No obstante que la cuestión se circunscribe muy enérgicamente, el asunto se conecta con tantos otros en verdad fundamentales para la teoría de la acción y la filosofía moral, que el ensayo no puede menos de tener un carácter programático.[2]

A pesar de que los trabajos fueron redactados inicialmente para lectores especializados —dos dirigidos a publicaciones de filosofía y otro a una reunión de profesionales de la investigación—, he procurado tratar cada tema de la manera más inteligible y clara que me ha sido posible. No estoy dispuesto a discutir si cierta clase de problemas filosóficos debe ser tratada en forma tan técnica que inevitablemente quede fuera del alcance de quienes no son profesionales de la filosofía. Lo que se dice en el primer ensayo del libro podría muy bien interpretarse en el sentido de apoyar la respuesta afirmativa. Pero no cabe ninguna duda de que otras cuestiones, como la relativa a la naturaleza misma de la tarea filosófica y a sus consecuencias prácticas —de cualquier manera que éstas se conciban—, tienen que ser tratadas de tal modo que puedan ser comprendidas por un público más amplio de personas educadas.

En atención a esto he revisado y ampliado algunos pasajes, sobre todo del ensayo final y he introducido algunas indicaciones que remiten al lector de un ensayo

2. *La filosofía y las actitudes morales* apareció en *Diánoia*, anuario del Instituto de Investigaciones Filosóficas, publicado por la Universidad Nacional Autónoma de México y el Fondo de Cultura Económica, vol. xv, 1969, pp. 216-44.

a otro. En algunos casos he mantenido deliberadamente un nivel elemental en la presentación de los asuntos; en otros he apuntado respuestas a cuestiones muy controvertidas en bien de una exposición menos trunca, a pesar de que yo mismo abrigo grandes dudas sobre esos puntos. Sin embargo, me he abstenido de alterar el carácter propio de la versión original de cada uno de ellos. Las razones de tal decisión no radican sólo en la confianza de que las tesis centrales dan al libro suficiente unidad, sino en el interés de mantener la oportunidad para dejar constancia detenida de todas aquellas instituciones y personas que de alguna manera contribuyeron a que estas páginas fueran escritas. Y no son éstas las únicas deudas. Algunos amigos y colegas fueron lo suficientemente generosos para darme a conocer sus reparos o para sugerir cambios a propósito de la primera versión o de la primera publicación de alguno de los ensayos. Aunque no me fue posible atender a todas sus observaciones, debo decir que, gracias a Alejandro Rossi, Eduardo A. Rabossi, Hugo Padilla, Enrique Villanueva y Miguel González Avelar, fueron eliminados varios errores de fondo y algunos de forma.

Ciudad Universitaria, México, 28 de junio de 1971

Sobre la investigación en filosofía

Philosophical knowledge, if what has been said above is true, does not differ essentially from scientific knowledge; there is no special source of wisdom which is open to philosophy but not to science, and the results obtained by philosophy are not radically different from those obtained from science. The essential characteristic of philosophy, which makes it a study distinct from science, is *criticism.* It examines critically the principles employed in science and in daily life; it searches out any inconsistencies there may be in these principles, and it only accepts them when, as the result of a critical inquiry, no reason for rejecting them has appeared.

BERTRAND RUSSELL: *The Problems of Philosophy*, 1912, cap. 14.

1

La meta final de estas notas es presentar algunos criterios de la investigación filosófica —por lo demás bastante claros y, según creo, aceptados casi de modo general— entendida esta investigación en su sentido más restringido. Como a pesar de tal aceptación el asunto no suele ser considerado entre nosotros públicamente, me ha parecido adecuado indicar antes, aunque en forma esquemática y evitando deliberadamente entrar en la discusión de algunos problemas, ciertas ideas sobre los métodos de la investigación científica que pueden contribuir a que se vea con más claridad el alcance de aquellos criterios. En atención a esto se utilizan a lo largo del ensayo, a veces con excesiva simplificación, las tesis de Karl R. Popper sobre el desarrollo del conocimiento científico y sobre el criterio de demarcación del dominio de las ciencias empíricas. Con arreglo a ellas, y llevándolas más allá de lo que el propio Popper aceptaría, será posible mantener la distinción entre filosofía y sabiduría, como entre ciencia y seudociencia, si bien marcando las fronteras con una línea no demasiado fina.

La historia de la ciencia como tratamiento de conjunto del desarrollo de un arte institucionalizado de inquisición es un asunto poco frecuentado por los investigadores del pasado. Aún lo es menos el estudio de las posibles relaciones de esta historia con la evolución del pensamiento filosófico. Para el observador no especialista, la ciencia nació más o menos en los mismos años en que nació la filosofía y a partir de entonces su historia presenta tantos cambios y revoluciones, tantos períodos de florecimiento y de desarrollo ascendente o estadios de reposo y decadencia como presenta la filosofía. En cuanto a la época contemporánea, la diversidad de teorías científicas y el pronto remplazo de unas hipótesis por otras no parece menos desconcertante que la disputa de las escuelas filosóficas. Pero el pesimismo de los filósofos, fruto más bien del ardor polémico frente a un pasado inmediato que de una sincera convicción, no siempre ha quedado satisfecho con esta impresión general que acepta una cierta unidad de evolución al destacar los aspectos mejor dibujados de una tradición secular en la filosofía y las humanidades, frente a rasgos aparentemente más accidentados de la marcha de la ciencia.

Sin detenernos ahora en las románticas exageraciones del historicismo, es verdad que quienes no aceptan aquella unidad de evolución han contemplado el asunto desde diversos ángulos. Lo más corriente ha sido presentar una visión demasiado simplista de la historia de la filosofía como proceso discontinuo, jalonado por sucesivos fracasos en medio de nuevos e injustificados intentos, aparte de una historia de la ciencia caracterizada por la continuidad y el progreso sin obstáculos. También se ha querido explicar la evolución de ciencia y filosofía como un proceso histórico discontinuo en que se alternan etapas sucesivas como momentos diversos de esplendor del saber científico de la naturaleza, frente a otros momentos de gran sabiduría sobre los problemas del destino del hombre. Nuestro tiempo coincidiría, en tal caso, con un momento de esplendor del conocimiento científico natural que nos autoriza a esperar un posible desarrollo de la filosofía y las humanidades en un futuro próximo. Mas la complejidad del fenómeno ha permitido, por otra parte, utilizar el mismo argumento en defensa de un mayor desarrollo previo de la filosofía frente al conocimiento físico, puesto que aún podemos estudiar con provecho los tratados filosóficos de la época del apogeo de Grecia, en tanto que nos resultan inútiles las investigaciones físicas de aquellos años. Opiniones todas que revelan más que nada la ausencia de un verdadero estudio de la evolución conjunta de ciencia y filosofía.

Con independencia de la marcha de la ciencia, pero sin perder de vista el carácter de la filosofía como conocimiento riguroso, se han llevado a cabo mejores esfuerzos. Buscando cierta regularidad en el desarrollo del pensamiento filosófico, intentó Franz Brentano en una conferencia en 1894 establecer las cuatro fases de la filosofía que pueden distinguirse dentro de cada uno de los períodos de la historia occidental.[1] La primera fase, que comprende todo el desarrollo ascendente, tiene, según Brentano, un doble carácter: por una parte se halla dominada por una energía propiamente científica, un vivo interés puramente teórico; por otro lado se caracteriza por una elaboración de métodos naturales de observación y de experiencia, determinados esencialmente por la índole de sus objetos, aunque necesitados todavía de cierto perfeccionamiento ulterior. La segunda fase constituye ya el primer estadio de la decadencia, se inicia siempre con un debilitamiento o falsificación del interés científico en que la marcha de la investigación se determina sólo por motivos prácticos y el trabajo pierde rigor y escru-

1. Franz Brentano, *El porvenir de la filosofía*, trad. de X. Zubiri, Revista de Occidente, Madrid, 1936. La conferencia aludida, junto con otros trabajos de Brentano, está recogida en este volumen bajo el título *Las cuatro fases de la filosofía y su estado actual.*

pulosidad. En la tercera etapa sobreviene el escepticismo y en la cuarta se vuelve de nuevo a la construcción de dogmas filosóficos mediante procedimientos desposeídos de toda evidencia y en franca contraposición a las características de la primera fase.

Algunos años después, un discípulo de Brentano, Edmund Husserl, insistió sobre temas semejantes en un opúsculo de 1911.[2] Sostiene Husserl que, desde sus comienzos, la filosofía ha pretendido siempre ser una ciencia estricta y que ha mantenido con mayor o menor fuerza esta pretensión en todo momento, aun en aquellas épocas en las cuales sus aptitudes teóricas fueron realmente más débiles. La filosofía moderna, por su parte, reafirmando aquel ideal tradicional, se ha caracterizado por la voluntad de erigirse en ciencia estricta por medio de la reflexión crítica y el escrutinio cada vez más profundo de sus propios métodos. Husserl considera que la función de la crítica es mantener intacta la confianza en la posibilidad de una filosofía científica y finalmente reconoce que, a pesar de los fracasos en la realización de aquel ideal, existe en la historia de la filosofía un progreso indudable: los cambios decisivos para este progreso son aquellos en los cuales se desvanece ante la crítica la pretensión científica de los filósofos anteriores y se afirma de nuevo la voluntad de constituir a la filosofía como ciencia.

No obstante, Husserl está seguro de que a pesar de tan claras pretensiones la filosofía no ha logrado todavía constituirse verdaderamente en ciencia y siguen planteados los problemas de las relaciones entre la filosofía y las ciencias de la naturaleza y las ciencias del espíritu. Esta

2. Edmund Husserl, *Philosophie als strenge Wissenschaft*, publicado por W. Szilasi, Vittorio Klostermann, Frankfurt, 1965.

última opinión no nos interesa ahora, como tampoco nos interesa el intento de Husserl para hacer pasar a la filosofía al rango de ciencia a través de la fenomenología. Queremos llamar la atención, sin embargo, sobre algunos puntos de la crítica que lleva a cabo contra dos importantes corrientes filosóficas, puntos de la crítica que ciertamente cumplen la función que el mismo autor consideró adecuada: mantener intacta la confianza en la posibilidad de una filosofía científica.

Husserl piensa que el historicismo pone en evidencia hasta qué punto la conciencia histórica destruye la creencia en la validez general de aquellas doctrinas que se proponen expresar la estructura del mundo por medio de una conexión coherente de conceptos. Pero no se interesa en discutir la verdad de hecho que aquí se encierra, sino que plantea el problema de principio alegando que también el contenido de las ciencias está configurado por las circunstancias históricas y que, sin embargo, esto no pone en cuestión su valor objetivo. Husserl propone distinguir entre el conocimiento como manifestación cultural y el conocimiento como sistema de teoría válida y advierte que, sobre este punto, la historia es incapaz de decidir nada valiéndose de sus propios medios. Así como el matemático no interroga al historiador sobre el valor de verdad de sus propias doctrinas matemáticas, tampoco debe hacerlo el filósofo sobre sus opiniones filosóficas. Proceder de otra manera equivale a confundir las cuestiones del origen del conocimiento con las que conciernen a su validez, que son asuntos que sólo pueden ventilarse mediante un examen crítico de lo que se afirma. Tal confusión conduce a un escepticismo inaceptable. Hija de este escepticismo es la moderna filosofía de las concepciones del mundo, cuyo sentido y cuyos derechos discute Husserl, frente a una cierta idea de la filosofía como ciencia rigurosa.

2

Todas las grandes filosofías han desempeñado en el curso de la historia del espíritu humano, además de otras funciones, la de elevar al más alto rango la experiencia de la vida y de las formaciones culturales, la sabiduría de una época. El saber de experiencia, en tanto que hábito personal, es el sedimento de los actos que una actitud de experiencia natural cumple en el curso de la vida. Este hábito está esencialmente condicionado por la manera en que cada individuo se deja influir por aquellos actos en que participa: los incidentes de la vida, el conocimiento de la realidad natural, la manipulación de objetos técnicos, el trato con las obras de arte y la vivencia de valores morales. La antigua palabra *sabiduría*, igual que la expresión más moderna *visión del mundo*, se refiere a grados particularmente elevados de este saber del mundo y de la vida que suele culminar con la idea de la virtud como aptitud constante para todas las orientaciones de la tarea humana: conocimiento, voluntad, juicio de valor. Esta sabiduría o visión del mundo, aunque sea la expresión de un elemento esencial de la actitud humana individual, no es un mero producto de la personalidad aislada sino que pertenece a la comunidad cultural y a la época.

Ahora bien, cuando esta sabiduría comunitaria, este conjunto de motivos culturales de una época, en un intento de superar siquiera imperfectamente los desacuerdos teóricos, axiológicos y prácticos de la vida, logra una cierta formulación conceptual y es objeto de una elaboración especulativa, entonces se produce una extraordinaria elevación de aquella sabiduría y nace lo que se llama una filosofía de la concepción del mundo. Al ampliarse los horizontes de la ciencia, del arte y de la vida práctica, se van incorporando nuevas formas de cultura y se transforman las visiones del mundo, cambia y crece la sabiduría y nacen las nuevas elaboraciones especulativas que el historicismo explica como proceso discontinuo de sustitución de los sistemas filosóficos de las concepciones del mundo.

Todo el valor de aquellos sistemas y de las técnicas educativas y morales que de ellos se derivan está condicionado por el valor de la sabiduría y de la aspiración a esta sabiduría en tanto que ideal de la humanidad. Pero la filosofía cumple además otra función, ya no como sabiduría sino como ciencia estricta. Y le parece a Husserl que desde cierto punto de vista la función que la filosofía debe llevar a cabo como ciencia sirve a valores más elevados. La conciencia moderna ha realizado en forma definitiva la separación de dos ideas que permanecen muy próximas, pero que ya no pueden ser mezcladas: la idea de ciencia y la de concepción del mundo. Las filosofías del pasado eran ambas cosas simultáneamente en la medida en que sus creadores estaban dominados por el impulso a la sabiduría y alentaban también un propósito de saber riguroso. Mas esta situación cambió fundamentalmente con la constitución moderna de las ciencias en sentido estricto, cuya idea implica una tarea que sobrepasa las empresas individuales y no queda limitada por ninguna referencia al espíritu de una época. Cada adquisición de la ciencia pertenece desde el momento de su descubrimiento al tesoro de valores de toda humanidad ulterior y por sí misma determina los contenidos materiales de la sabiduría y de la filosofía de la concepción del mundo.

En contraste con la aspiración a la sabiduría y a la concepción del mundo, existe una actividad investigadora claramente diferenciada que sabe limitar el impulso natural, deseoso de una visión íntegra y armoniosa de la totalidad del universo, y sabe disciplinar sus puntos de vista a la colaboración y al desarrollo de un saber filosófico objetivo y parcial que procede por aproximaciones sucesivas, siempre provisionales y sujetas a criterios cada vez más rigurosos. El gran problema del presente para Husserl —también para nosotros— es la separación clara, la evaluación relativa de los fines y sobre todo la unidad última o compatibilidad práctica de estas dos formas de actividad intelectual. Porque la cuestión no debe plantearse exclusivamente desde el punto de vista individual, en el cual deciden al fin y al cabo las inclinaciones naturales y las necesidades emotivas, sino que el problema debe decidirse teniendo en cuenta su significación para el desarrollo de la cultura y el saber filosófico.

Al conectar la incapacidad de la filosofía para elevarse al rango de ciencia con la actitud natural surgida de los requerimientos demasiado humanos que satisfacen la sabiduría y las concepciones del mundo, Husserl vio con toda claridad que una modificación de aquella actitud era indispensable para la realización de la filosofía como saber riguroso. Casi al final de su artículo pide a los filósofos de la concepción del mundo que renuncien de buena fe a la pretensión de hacer ciencia y dejen de perturbar los espíritus e impedir el progreso de la filosofía.

que por un camino totalmente diferente debe tomar la forma y el lenguaje de la ciencia genuina. Ciertamente, Husserl vio con menos claridad las bases teóricas que deben ser establecidas para lograr esa realización. Mas en este aspecto de su doctrina no hemos de detenernos.

Sin que interese ahora discutir el lugar que Husserl y su maestro pudieron tener en tal empresa, es indudable que los años posteriores a la fecha en que se publicó el texto de Husserl a que nos hemos referido han visto el desarrollo de aquella convicción que busca una filosofía científica separada de una concepción del mundo. La reforma radical de la filosofía que Brentano anunció desde 1892 en *El porvenir de la filosofía* se ha venido cumpliendo precisamente como ruptura frente a la tradición metafísica y ha ejercido su crítica contra Kant y los poskantianos. En especial esta crítica se ha ocupado del concepto de *a priori* que, al decir de Brentano, constituía la raíz de los errores de las construcciones de Kant y de las extravagancias de sus sucesores. En lugar de exuberantes construcciones sistemáticas, la nueva filosofía se esfuerza por explicar algunas pocas cuestiones muy circunscritas y atribuye una extraordinaria importancia a los procedimientos metódicos. "Ya no queda ninguna duda —escribe Brentano— de que tratándose de asuntos filosóficos no puede haber más maestro que la experiencia, y de que no se trata de suministrar con un gesto genial el todo de una concepción más perfecta del mundo, sino que el filósofo tiene que adentrarse en su campo conquistándolo paso a paso como cualquier otro investigador".[3] Porque Brentano luchó —desde sus tesis de

3. Brentano, *El porvenir de la filosofía*, p. 86. La cita corresponde a otro trabajo de Brentano recogido en el mismo volumen: *Las razones del desaliento en la filosofía.*

habilitación— principalmente por defender la idea de que el verdadero método de la filosofía es el de las ciencias de la naturaleza. Con lo cual no quería decir que en todas partes debamos proceder de manera uniforme; por el contrario, es indispensable cambiar los procedimientos de acuerdo con la índole especial de los objetos y aumentar o rebajar las exigencias en cada caso, renunciando cada vez que algo no resulte científicamente posible. En todo caso —dijo Brentano—, aquello sobre lo que en última instancia debemos apoyarnos no son los conocimientos sintéticos *a priori,* sino "las observaciones evidentes" y ciertas "proposiciones analíticas pertenecientes a las reglas de la lógica".[4]

3

Las afirmaciones de Brentano señalan los terrenos en que se han llevado a cabo algunas de las más graves disputas de la filosofía contemporánea —las cuales no podemos tocar aquí de ninguna manera. Es conveniente, sin embargo, llamar la atención sobre aquella opinión de Brentano —no compartida por Husserl— que identifica el verdadero método de la filosofía con el de las ciencias naturales. Opinión que vale la pena recoger, si se añaden todas las precisiones necesarias. Es decir, si se aclara que su alcance afecta justamente a la manera en que crecen y se desarrollan nuestros conocimientos

4. Brentano, *El porvenir de la filosofía,* p. 186. La cita corresponde al estudio *Abajo los prejuicios. Aviso dirigido al presente para que se libre de todo ciego "a priori", conforme al espíritu de Bacon y Descartes.*

—pero no se refiere a la identidad de los recursos y de las tretas del arte de investigar. Para aclarar esto tenemos que decir dos palabras sobre los procedimientos con los cuales trabaja la ciencia y aumenta sus conocimientos.[5] Más adelante habrá que decir algo sobre los métodos de la filosofía y hacer alguna indicación sobre las diferencias. Guardar ciertas distinciones, aunque el hacerlo no pase de una mera advertencia, parece más necesario todavía cuando se quieren destacar las semejanzas.

La tradición aristotélica hizo pasar durante mucho tiempo a la geometría clásica como modelo insuperable del arte de demostrar: una ciencia construida a partir de unos pocos principios primarios absolutamente indudables; en que no se introducen nuevos términos sin ser definidos, y las proposiciones no se adelantan nunca sin ser demostradas. Aunque todo lo que se afirma es empíricamente verdadero o al menos empíricamente útil, el geómetra no acude nunca a la experiencia para encontrar apoyo sino que procede por vía deductiva, a partir de lo que ha establecido anteriormente y de acuerdo con las leyes de la lógica. Pero el desarrollo de la ciencia moderna y la reflexión sobre sus procedimientos han puesto en claro algunas de las limitaciones de la teoría

5. La bibliografía contemporánea sobre estos asuntos es muy amplia, pero en estas notas hemos utilizado principalmente los siguientes textos: Robert Blanché, *L'axiomatique*, Presses Universitaires de France, París, 1959; E. Nagel y J. R. Newman, *Gödel's Proof*, New York University Press, 1958; Herman Weyl, *Philosophy of Mathematics and Natural Science*, Princeton University Press, 1949; Karl R. Popper: *The Logic of Scientific Discovery*, Hutchinson of London, 1962, y *Conjectures and Refutations*, Basic Books, Nueva York, 1962, del mismo Popper. El volumen de Blanché, el de Nagel y Newman y el de Herman Weyl han sido publicados en México en traducción española por el Instituto de Investigaciones Filosóficas de la UNAM. De los libros de Popper hay traducción española.

deductiva tradicional, desplazando además el interés de la verdad intrínseca de las proporciones aisladas hacia la estructura y la coherencia interna del sistema total, hasta hacer pasar una teoría deductiva a una verdadera axiomática. Desde este punto de vista puramente formal, dos teoremas incompatibles pueden, sin embargo, ser verdaderos, si son referidos a sistemas diferentes; y en cuanto a los sistemas mismos, pueden ser contemplados desde el punto de vista de su conexión lógica y, entonces, ya no se trata precisamente de verdad o de falsedad sino meramente de coherencia o contradicción. Lo que ahora se designa como principio no es una verdad generadora de otras verdades, como en la interpretación tradicional de la geometría clásica, sino una simple hipótesis, una convención meramente puesta y no afirmada como verdad —aunque tampoco arbitraria— sobre la cual se desarrollan definiciones y demostraciones.

Cuando una teoría hipotético-deductiva se coloca bajo la forma axiomática, que es el grado más alto de perfección formal, de lo que se trata es de desprenderla de las significaciones concretas e intuiciones que pudieron servirle en sus primeros pasos, con el fin de hacer más claro su esquema lógico. Una axiomática formalizada supone la simbolización y, desde luego, permite un manejo más preciso y más seguro de los procedimientos lógicos. La interpretación tradicional presentaba a la demostración matemática como categórica y apodíctica: puesto que partía de principios absolutamente verdaderos, lo deducido de ellos era también verdad. El pensamiento moderno, más prudente, no opera con ninguna especie de verdad absoluta sino que parte de meras hipótesis y entonces hace residir la demostración simplemente en el lazo lógico que une las proposiciones, en la coherencia del sistema. La tarea fundamental de los matemáticos —a diferencia de los investigadores que emplean las matemáticas en otro campo— no es averiguar si los postulados iniciales o las conclusiones deducidas son verdaderos, sino saber si esas conclusiones son las consecuencias lógicas necesarias de las hipótesis que sirvieron de punto de partida. Lo cual no quiere decir de ningún modo que pueda lograrse una demostración absoluta: este viejo ideal ya no tiene vigencia entre los científicos contemporáneos, ni siquiera en la ciencia formal por excelencia que es la matemática axiomatizada. La imposibilidad de construir un sistema formal que se cierre sobre sí mismo abrazando su propio comienzo es un hecho aceptado.

Todo esto deja abierto el problema de saber si un grupo de postulados que sirven de fundamento a un sistema es internamente consistente, es decir, garantiza que no se podrá deducir de ellos ninguna consecuencia contradictoria. La cuestión no queda resuelta por el hecho de que los teoremas ya deducidos no sean contradictorios entre sí, porque se mantiene la posibilidad de que el siguiente que se deduzca los contradiga. Tal dificultad no podía darse en el pensamiento matemático tradicional que refería los postulados euclidianos al mundo de la experiencia diaria, porque siempre quedaba el recurso de averiguar si los teoremas eran verdaderos con relación a tales objetos y esta verdad garantizaba la consistencia. Pero a partir de las geometrías no euclidianas era indispensable encontrar un recurso general para superar esa dificultad. Un primer procedimiento hace regresar el sistema puesto a prueba, reduciéndolo a otro anterior cuya consistencia está mejor asegurada. Se postula la no contradicción de un sistema, por ejemplo la aritmética clásica o la geometría euclidiana, y después se construye una interpretación del sistema puesto a prueba que venga a aplicarse sobre uno de aquellos testigos o sobre una parte de uno de ellos. De esta manera, la no contradicción postulada del testigo se trasmite al segundo sistema. Mas esto es claramente una prueba relativa a la consistencia supuesta de otro sistema anterior.

Un recurso mejor sería buscar una doble lectura para toda teoría matemática de acuerdo con el interés de interpretarla por la coherencia lógica o por la verdad empírica. Las varias interpretaciones que se pueden dar a una axiomática se llaman modelos y estos modelos pueden ser aplicados a dominios de objetos muy diferentes, haciendo que cada postulado abstracto de un sistema se convierta en una afirmación verdadera acerca del modelo. Aquí no interesa distinguir entre las teorías matemáticas que permanecen como pura ciencia formal y aquellas que no son sino la presentación formalizada de una porción de ciencia factual. Es suficiente con advertir, de un modo general, que no toda teoría matemática permite una interpretación empírica y que pueden darse modelos puramente conceptuales. De cualquier modo, el empleo de un modelo conceptual, aunque corresponda a un contexto teorético sin referencia real, es una interpretación de una teoría abstracta a base de conceptos que pertenecen a una teoría ya interpretada. El ejemplo dado en el párrafo anterior equivale al uso de un modelo conceptual.

Como puede verse, uno de los procedimientos para establecer la no contradicción de ciertas teorías está en buscar su realización en el mundo de los fenómenos; en lugar de reducirla a un sistema anterior se desciende por el lado contrario hacia la realidad concreta y se construye un modelo físico. La existencia real de este modelo garantiza la posibilidad lógica de la teoría que le corresponde. No se trata, sin embargo, de una verdadera demostración; aunque todos los hechos observados concuerden con los axiomas, queda abierta la posibilidad de que un hecho no observado hasta ahora pueda contradecirlos y destruir así su pretensión de verdad absoluta. Las consideraciones inductivas podrán mostrar que los axiomas son plausibles, pero no pueden fundar ninguna pretensión de universalidad.

Se ve con claridad que una teoría deductiva, aun cuando sea llevada a ese límite de perfeccionamiento formal que es la axiomática, conduce a un desdoblamiento. En primer lugar, existen ciencias que le son anteriores y que intervienen en su edificación. Inclusive una disciplina como la lógica que se coloca en la cúspide de la escala de las ciencias, aunque no necesita del apoyo de una ciencia previamente constituida, cuando quiere hacer objeto de estudio las fórmulas mismas de la lógica axiomatizada y las reglas de su manejo, no puede hacerlo en el interior de sí misma, sino que se desdobla en metalógica. En segundo lugar, una teoría deductiva, al menos en ciertos casos, conduce a un desdoblamiento por el lado de sus consecuencias concretas con referencia a situaciones observables. La misma hipótesis inicial y la teoría desarrollada a partir de ella pueden ser sometidas a prueba ya no de congruencia lógica sino de validez empírica, buscando la verdad de sus consecuencias observables. Ni aun el teórico puro, el investigador matemático o lógico, suele descuidar por completo las interpretaciones empíricas de sus doctrinas.

Se pueden establecer, naturalmente, diferencias entre la conjetura del físico y el juego de axiomas que sirven de punto de partida al matemático, como se pueden señalar también otras diferencias entre los procedimientos lógicos con que un matemático somete a prueba la consistencia de un sistema y las técnicas de experimentación de las ciencias empíricas; pero todas ellas no serían suficientes para destruir la idea de una cierta unidad fundamental. Hasta el punto de que ha podido decir Robert Blanché que la separación entre las disciplinas empíricas y las formales, más que dividir las ciencias en dos clases, señala una diferencia de momentos dentro del despliegue interior de cada ciencia que, por supuesto, se realiza de diversa manera en cada una de ellas de acuerdo con su nivel de desarrollo y sobre todo con la índole de sus objetos.

4

El investigador de las llamadas ciencias empíricas, lo mismo si elabora una teoría que si realiza un experimento bien determinado, lo que hace es proponer ciertos enunciados o sistemas de enunciados y después someterlos a prueba, o dicho de otra manera, construir hipótesis o conjeturas y después contrastarlas con la experiencia por medio de observaciones y experimentos. El primer momento de la investigación, que consiste en sugerir conjeturas, no ofrece estrictamente interés epistemológico, se trata de una aventura personal que en principio puede obedecer a los más diversos estímulos.[6] Este momento

6. Lo que no quiere decir que no plantee otro tipo de problemas, tales como los señalados por Arturo Rosenblueth en *La invención científica*, estudio publicado en el volumen de *Homenaje del Colegio Nacional a Alfonso Reyes en su cincuentenario de escritor*, México, 1956.

aprovecha para sus hipótesis las observaciones aisladas y hace uso de la inducción, pero concluye justamente al formular las hipótesis. Lo decisivo es el segundo momento, el esfuerzo para la refutación, que se constituye propiamente con los procedimientos para someter a prueba las hipótesis formuladas, para averiguar qué es lo que justifica esas hipótesis y por qué pueden ser sostenidas seriamente.

Vale la pena aclarar, sin embargo, que al formular las conjeturas se inician algunos pasos todavía preliminares a este segundo momento de la investigación científica propiamente dicha, pero que operan exactamente de la misma manera que ésta. El propósito de tales pasos es simplemente averiguar si, con independencia de la verdad o falsedad de las conjeturas, cumplen éstas un mínimo de requisitos que garanticen que será provechoso trabajar con ellas. No hemos de detenernos en estos requisitos, pero por vía de ejemplo se puede recordar que así como el matemático debe verificar que los postulados que pone a la base de una axiomática son compatibles entre sí, el investigador de las ciencias empíricas debe averiguar si sus conjeturas son francamente imposibles de contrastar, si están correctamente formuladas y tienen significado en algún lenguaje, o si contradicen abiertamente el cuerpo del conocimiento científico. Una vez resueltas estas cuestiones previas, se inician los procedimientos que ponen a prueba las conjeturas.

Ahora bien, cuando se presenta una nueva hipótesis, una teoría que se anticipa a título provisional, lo que se sigue es un procedimiento deductivo. El primer paso consiste en extraer conclusiones de la teoría por medio de una deducción lógica; estas conclusiones se comparan entre sí, se enfrentan con otros enunciados pertinentes con el fin de establecer sus relaciones lógicas y de probar la coherencia del sistema. El estudio de las formas lógicas de la teoría permite determinar su carácter y hacer comparaciones con otras teorías con el objeto de saber si constituye un verdadero progreso con respecto a ellas. Finalmente se contrasta la teoría con los requerimientos de la experiencia, por medio de experimentos se hace una prueba de las consecuencias que se han deducido de ella. Este cotejo con el mundo de los fenómenos no significa que todos y cada uno de los enunciados que forman una teoría tengan correspondencia similar con la realidad. La teoría ofrece solamente algunos puntos de contacto con la experiencia: se deducen de la teoría enunciados singulares que permiten predecir ciertos hechos y estas predicciones se comparan con los resultados de las aplicaciones prácticas y los experimentos; si la decisión es positiva, se dice que hay verificación; si es negativa, entonces se ha revelado que son falsas las predicciones y también la teoría de donde han sido deducidas. Pero la decisión positiva no da apoyo a la teoría en forma absoluta, puesto que permanece abierta la posibilidad de que otras decisiones negativas posteriores puedan mostrar su falsedad. Mas durante todo el tiempo en que la teoría resiste las contrastaciones prueba su temple y se dice que está corroborada por la experiencia. Un análisis más fino obligaría a algunas distinciones tratándose de teorías probabilísticas, pero el dicho vale al menos para teorías causales.

Se ve claramente que en todos los pasos se trata de procedimientos deductivos. La observación nos da efectivamente conocimientos de hechos, pero el simple percatarnos de hechos, por numerosos que sean, no puede justificar la verdad de ningún enunciado universal: no es posible pasar por razonamiento de la verdad de enunciados singulares a la verdad de la teoría. En este sentido puede decirse que cualquier enunciado científico trasciende la experiencia inmediata.

Naturalmente, dentro de un sistema teórico se pueden distinguir diversos grados de universalidad. Los enunciados de más elevado nivel tienen el carácter de hipótesis con respecto a los de nivel inferior que se deducen de ellos. Dentro de las teorías de las ciencias naturales se dan las llamadas leyes naturales que tienen la forma lógica de enunciados estrictamente universales y el modo de someterlos a prueba consiste en deducir de ellos enunciados de un nivel cada vez más bajo de universalidad que pueden ser contrastados directamente con la experiencia.

Lo mejor será ilustrar todo lo anterior con un ejemplo sencillo: dar una explicación causal de un acontecimiento cualquiera quiere decir deducir un enunciado que lo describe, usando como premisas de la deducción una o varias leyes universales junto con ciertos enunciados singulares que afirman que un evento observable aconteció en una región determinada del espacio y el tiempo. Cuando explicamos la rotura de un puente que fue construido con una resistencia determinada y debió soportar un peso mucho mayor, partimos de una hipótesis que es un enunciado universal del tipo de las leyes naturales más o menos como éste: siempre que un puente se cargue con un peso mayor al de su resistencia se romperá. La hipótesis se pone en relación con enunciados singulares que describen las condiciones iniciales, por ejemplo: este puente determinado tiene exactamente tal resistencia; este mismo puente ha sido cargado con un peso tal que es mayor a su resistencia. De la hipótesis y de las condiciones iniciales se desprende, para acontecimientos futuros, una predicción: este puente se romperá. Y la predicción es también un enunciado singular que, desde luego, puede contrastarse con los hechos. Las condiciones iniciales describen la causa, la predicción describe el efecto.

Ahora bien, toda teoría empírica debe cumplir dos condiciones. Aquella más general de que antes hablamos, que es la coherencia o no contradicción de sus enunciados. Y además debe cumplir la condición de poder ser sometida a prueba, el requisito de contrastabilidad. Pero los procedimientos de contrastar, según hemos visto, no suponen la inferencia inductiva, únicamente suponen las operaciones de la lógica deductiva. Por medio de inferencias puramente deductivas es posible argumentar, con apoyo en enunciados singulares, la falsedad de enunciados universales: basta una familia de cisnes negros en Australia para probar la falsedad de la afirmación de que todos los cisnes son blancos. Y esta posibilidad permanente de ser sometidos a prueba, de estar siempre sujetos a revisión y crítica con apoyo en un hecho nuevo, es lo que distingue a los enunciados de la ciencia.

Se prueba la falsedad de una teoría cuando aceptamos ciertos enunciados que la contradicen, si esos enunciados describen un evento observable en un espacio y tiempo determinados. El evento observable no debe ser, sin embargo, un acontecimiento aislado no reproducible: se requieren efectos no esporádicos que, debido a su carácter regular y repetible, puedan ser, al menos en principio, contrastables intersubjetivamente por observación. Por esto, el único camino para asegurar la validez de los razonamientos científicos es presentarlos en la forma más fácil de contrastar; en una teoría deductiva completamente axiomatizada habrá que descomponer los razonamientos en muchos pasos pequeños y sucesivos, cada uno, de los cuales sea fácilmente comprobable por cualquiera que conozca la técnica lógica o matemática de transformar cláusulas; de esta manera la tarea de la crítica será señalar el error en alguno de los pasos de la demostración. En el caso de las disciplinas empíricas habrá que hacer más o menos lo mismo: toda teoría científica debe ser presentada con sus consecuencias deducibles, especificando los dispositivos experimentales, de modo que cualquiera la pueda someter a prueba —si tiene los medios adecuados y conoce las técnicas pertinentes. Cuando los críticos rechazan el enunciado y proponen uno nuevo, están obligados a expresar las instrucciones para que sea contrastado. No en otra cosa radica el carácter objetivo de la ciencia. Cualquier afirmación que no pueda ser sometida a prueba cuenta en el trabajo científico solamente como sugerencia o estímulo para nuevas búsquedas.

El hecho de que un enunciado empírico antes corroborado pueda revelarse falso ante nuevos experimentos no quiere decir necesariamente que cambien las regularidades comprobadas en la experiencia anterior —al menos la ciencia no cuenta con esta posibilidad. Lo que sucede es que los nuevos experimentos se colocan frente a la vieja teoría en demanda de otra nueva con un mayor nivel de universalidad. Y la teoría superada queda de alguna manera contenida en la nueva.

Una nueva teoría no sólo es preferible cuando alcanza un más alto nivel de universalidad, se busca también el máximo nivel de precisión y sobre todo un mayor contenido empírico. A mayor información empírica mayor grado de contrastabilidad, es decir, más posibilidades de someter la teoría a pruebas más exigentes. Con lo que aumenta también el grado de corroboración, porque éste no depende tanto del número de casos corroborados como de la dureza misma de las pruebas.

Y esto es todo lo que la ciencia puede ofrecer: enunciados corroborados por la experiencia, corroborados con mayor o menor rigor pero expuestos siempre a nuevas pruebas. La ciencia no puede alcanzar ninguna certidumbre definitiva, ningún conocimiento apoyado en razones últimas. Las hipótesis que han servido como punto de partida no se presentan nunca como enunciados verdaderos sino como conjeturas provisionales, y cuando las consecuencias deducidas de estas hipótesis se muestran coherentes, son sometidas a pruebas empíricas. Estas pruebas requieren a su vez ciertas decisiones —como aceptación de reglas convencionales, puesto que el experimento mismo es una acción planeada y en esto dependiente de la teoría— y el resultado de ellas no es una nueva hipótesis, sino una teoría científica corroborada, pero igualmente provisional. La teoría tiene base empírica, pero esta base empírica no tiene carácter absoluto.

5

Conjeturas y anticipaciones —formuladas con todos los auxilios del entendimiento, la observación, la imaginación— y, luego, pruebas y experimentos que corroboran o refutan los enunciados de que se partió, tal es el camino por el que avanza la ciencia. Y tanto avanza con la idea genial que abre vías a la investigación descubriendo nuevos hechos y nuevas fuentes de información, como con la experimentación y la crítica que cierra las vías muertas y desvanece la pretensión científica de ciertas teorías provocando otras búsquedas y planteamientos mejor definidos. Al contrario de la errónea opinión, afortunadamente olvidada, que supone que el conocimiento científico progresa por simple acumulación de experiencias perceptivas y almacena incansable sus verdades definitivas, sabemos que la tarea de la ciencia es más bien la de descubrir nuevos hechos y plantear problemas cada vez más profundos y más generales, y de ensayar respuestas —cada vez más precisas aunque siempre provisionales— pero sujetas a pruebas cada vez más rigurosas y constantemente renovadas.

Naturalmente, las conjeturas y anticipaciones suelen tener muy diverso carácter. Esto mismo garantiza que no todas ellas tengan importancia para las ciencias empíricas. Según se dijo antes, estas ciencias se ocupan sólo de aquellas conjeturas que reúnen determinados requisitos, por ejemplo, que se presentan en forma contrastable, es decir, que pueden someterse a prueba experimental. Cuando la ciencia está imposibilitada de decidir empíricamente sobre el valor de las conjeturas, ya sea porque éstas no tienen ninguna información de realidad o porque se presentan en un nivel de universalidad demasiado elevado en relación con el alcanzado por la ciencia, lo que hace es suspender el juicio. En general, la investigación científica no está obligada a enfrentarse con toda clase de anticipaciones, solamente con aquellas que, además de cumplir los requisitos para ser sometidas a prueba, caen dentro de su línea de avance. Esto no quiere decir que todo aquello que en un cierto momento escapa a tales condiciones le sea completamente ajeno, sino que permanece dentro del primer momento del trabajo científico y puede ser aprovechado tan sólo como estímulo para futuras tareas. En este clima de brumas que rodea permanentemente a la ciencia y que no pocas veces ha estimulado importantes investigaciones, se localizan, entre otras, las ideas generales que exponen interpretaciones morales o metafísicas de los fenómenos de la naturaleza o intentan vagas fórmulas para organizar el sistema del cosmos. Es precisamente el campo de las creencias, de las concepciones del mundo, de la sabiduría —cuyas virtudes hemos recordado antes con expresiones de Husserl—, en una palabra, es el campo de la actitud libremente elegida, que a veces no se apoya en argumento alguno.

Una de las bases en que la ciencia funda su prestigio y su fuerza es precisamente la renuncia a intentar de un solo golpe el diseño de un sistema entero de la naturaleza y, por otra parte, su buena disposición para tratar de los problemas particulares que pueden ser sometidos a pruebas empíricas y a detallados análisis. Disposición y renuncia constituyen las dos caras de una misma moneda, porque la renuncia de la ciencia es una mera renuncia de procedimientos: su función sigue siendo la descripción rigurosa del universo con la explicación de todos sus procesos —operaciones a las cuales, naturalmente, nada pueden añadir los esfuerzos de la actividad filosófica.

A pesar del prestigio ganado, la ciencia no ha podido eliminar de su seno todas las disputas. Dentro del límite de lo empíricamente corroborable, cuando varias teorías científicas parecen tener la misma pretensión de validez, la decisión —como en todas las tareas racionales en que no cabe una aceptación dogmática— depende de la refutación, la disputa y la libre competencia del pensamiento, es decir, depende a la vez de la actitud crítica y de la libertad. Cabría decir en este punto que el único requisito metódico —válido por igual para las ciencias y para la filosofía— es el respeto por los procedimientos de toda discusión racional.

Ahora debemos detenernos un momento. Aunque no sea fácil en ningún caso resolver una cuestión de límites, la filosofía propiamente dicha no se confunde con la ciencia, pero tampoco se confunde con la sabiduría. De la primera distinción —ciencia y filosofía— no nos ocupamos de manera expresa, aunque sobre ella volveremos en el segundo ensayo del libro, porque lo que nos interesa aquí es la semejanza de los procedimientos de la filosofía con aquellos de los cuales depende el progreso de la ciencia. Pero debe quedar advertido que lo que se dice en seguida y en los dos párrafos siguientes supone la naturaleza residual y secundaria de un problema filosófico, un tema del mayor interés que no puede ser tratado en este ensayo con la amplitud debida. La segunda distinción —filosofía y sabiduría— es un asunto que tampoco es posible tocar a fondo, ni siquiera aludir a cada uno de sus aspectos, pero que nos obliga a un par de indicaciones.

Como la ciencia, que ha renunciado a diseñar el sistema entero de la naturaleza, la filosofía de nuestro tiempo, en la medida en que pretende ser conocimiento riguroso, ha renunciado a ser concepción del mundo y a cumplir las funciones morales y educativas de la sabiduría. Tal cosa no significa que no pueda darse el caso, más o menos excepcional, de un filósofo dotado de gran sabiduría, como puede darse el caso de un científico que sea además sabio, pero estos ejemplos no representan la combinación de dos tradiciones, orientaciones o escuelas filosóficas, sino claramente el ejercicio de dos funciones intelectuales distintas. Mientras el filósofo se mantiene dentro de su jurisdicción, no pretende darnos conocimiento sobre la totalidad del universo o sobre la estructura última de sus procesos, ni puede colmar las lagunas del saber científico, ni ofrecer otra cosa que conocimientos fragmentarios y provisionales —que de ninguna manera son relativos al universo mismo. Toda la investigación filosófica se mueve más allá, o más acá, del campo de las disciplinas científicas establecidas y su tarea no se puede caracterizar por el contenido de estas materias, sino por su manera de examinar los conceptos, patrones y supuestos con arreglo a los cuales se gobiernan estas disciplinas. En cuanto a la vida moral y a la expresión de las actitudes, a la sabiduría y a todas aquellas formas de pensamiento que constituyen patrones y guías de acción, el análisis filosófico viene a desempeñar un papel paralelo. Su tarea no puede enriquecer la descripción que las disciplinas empíricas hacen de estas formas culturales, menos todavía remplazar a estas mismas proponiendo ideales de vida o haciendo profecías sobre el destino último del hombre. El cometido de la investigación filosófica, en su sentido más estricto, se cumple en el examen de los términos que estas formas de pensamiento emplean, de sus implicaciones y supuestos, con el objeto de aclarar sus estructuras lógicas y su significado para la acción humana. Veamos brevemente cómo procede.

La experiencia individual, la observación acumulada, no tiene ningún valor en filosofía. La filosofía no descubre hechos, no proporciona ninguna nueva información, sino que trabaja exclusivamente con los hechos conocidos de la ciencia o, mejor dicho, con los enunciados acerca de estos hechos, de manera que no tiene por qué corroborar sus afirmaciones con experimentos de laboratorio o informes estadísticos. Además, ya sabemos que las observaciones aisladas nos dan conocimiento de hechos y el simple percatarnos de hechos no justifica la verdad de ningún enunciado universal. En resumen, los argumentos filosóficos no son inducciones.

Pero los argumentos filosóficos tampoco son demostraciones hipotético-deductivas en el sentido preciso de las ciencias: una verdad filosófica no es una conjetura corroborable por la experiencia, como la del físico, ni un axioma evidente o convencional a partir del cual se pueda construir un sistema como el del matemático.[7] En la filosofía, una verdad se integra en un argumento, pero no forma parte de un sistema; y los argumentos no son corroborables en el sentido de las teorías físicas porque no existe ningún procedimiento filosófico que corresponda a la observación empírica de las ciencias, aunque se puedan establecer reglas que permitan regular y verificar la correcta manipulación de los conceptos. La filosofía no tiene axiomas ni postulados, ni existen tampoco teorías filosóficas alternativas de acuerdo con diversos postulados elegidos. Si bien en filosofía se habla de principios, es bien claro que no se trata de postulados

7. De la amplia bibliografía sobre la argumentación filosófica el autor ha tenido presente ante todo los siguientes trabajos: *How I See Philosophy*, de Waismann, recogido en el volumen editado por Ayer: *Logical Positivism*, The Free Press, 1960. *The Place of Argument in Philosophy*, de John Passmore, publicado por el Instituto de Investigaciones Filosóficas en el volumen *Symposium sobre la argumentación filosófica*, México, 1963; y, por supuesto, el volumen del mismo autor titulado *Philosophical Reasoning*, Geral Duckworth, 1961. Pero principalmente dos artículos de Ryle: *Taking Sides in Philosophy*, publicado en *Philosophy, The Journal of British Institute of Philosophy*, vol. 12, Londres, 1937, y además *Philosophical Arguments*, publicado también en el volumen citado de Ayer. Hay traducción española del volumen de Ayer.

o de axiomas, ni menos todavía de creencias indiscutidas. Nada hay puesto o supuesto en la filosofía, porque precisamente su tarea es la discusión de los principios y su meta poner a la luz todos los supuestos ignorados de nuestro conocimiento, examinando los esquemas conceptuales que subyacen en nuestro lenguaje. Una doctrina que partiera de alguna supuesta verdad absoluta, algún principio evidente pero indiscutido acerca del mundo o acerca de nuestro conocimiento del mundo, quedaría automáticamente descalificada como filosofía.

Cuando en filosofía se habla de principios se alude a enunciados que se caracterizan, con relación a otros enunciados, por su precedencia lógica en el sentido de que la respuesta a ciertos problemas planteados por los primeros hace más claras otras cuestiones relativas a los segundos. No se alude a ningún rasgo convencional ni dogmático que garantice a ciertas afirmaciones un tratamiento diferente o establezca alguna dispensa en el rigor lógico. Solamente se acepta algo en filosofía cuando se apoya en argumentos válidos. Y el examen sobre el rigor lógico de un argumento —o al menos sobre su plausibilidad— se aplica por igual a todas las proposiciones filosóficas, lo mismo a las de principio que a aquellas que tienen un carácter derivado o secundario. Muchos argumentos filosóficos son demasiado complejos para que en un primer examen se pueda saber si son completamente probatorios, pero sí es posible, en cambio, saber si son plausibles o dignos de crédito, esto es, saber que no son obviamente inválidos. El rigor que la filosofía se pide a sí misma es el rigor lógico que, como en las ciencias formales, tiene sus propios requisitos de control y de eficacia, comparables a las exigencias de control experimental de las ciencias empíricas.

El análisis filosófico consiste, en buena medida, en exhibir la relación entre las distintas proposiciones de un argumento y, en consecuencia, hacer posible el examen de su rigor lógico. Más adelante veremos que el análisis filosófico también es, por lo menos en igual medida, análisis semántico. Cuando surge una teoría filosófica nueva, generalmente se ve obligada a poner en circulación conceptos que provienen de otras disciplinas o simplemente del lenguaje común y en el desarrollo de sus doctrinas suele suceder que aquellos conceptos muestran tener características lógicas diversas de las supuestas, con lo que conducen a contradicciones o paradojas. Estas paradojas ponen en movimiento la actitud crítica que somete a prueba la teoría mediante argumentos filosóficos. Para examinar el empleo correcto de las expresiones, establecer el significado de palabras o símbolos y medir la consistencia de una teoría, la filosofía cuenta con muchos recursos —que no es pertinente siquiera enumerar aquí— y dispone de argumentos propios y hasta exclusivos. Desde el simple poner al descubierto la ambigüedad de algún concepto fundamental para señalar la raíz de las confusiones o el llamar la atención sobre algún hecho familiar que la teoría deja inexplicado, hasta la reducción al absurdo o el regreso al infinito. Procedimientos lógicos estos últimos que, por supuesto, tienen también un papel en otras disciplinas científicas.

Se podría elegir otro argumento, pero la reducción al absurdo es un ejemplo ya clásico para ver cómo procede la filosofía. Su función es descubrir las reglas que rigen los argumentos válidos y para eso procede extrayendo todas las contradicciones lógicas a que da lugar la teoría que se somete a prueba. Cada proposición o concepto se relaciona con otros de diversas maneras, se relaciona como consecuencia, implicación, incompatibilidad, etcétera; frente a estos materiales, la reducción al absurdo revela la ilegitimidad de una proposición o de un conjunto de proposiciones, mostrando que sus consecuencias son contradictorias entre sí o con alguna proposición original. Al extraer de los materiales examinados todos los corolarios lógicamente contradictorios, la reducción al absurdo procede exactamente por deducción.

Es un hecho indudable que al menos algunos argumentos filosóficos preeminentes son deductivos. Es razonable, además, considerar que el examen de una teoría filosófica mediante los procedimientos del análisis es comparable en más de un aspecto con el ensayo de una hipótesis o la comprobación experimental de una conjetura. Y si no se confunde razonamiento deductivo con sistema hipotético deductivo, ni se parte del supuesto —en verdad limitado a aquellos aspectos de las ciencias que se conocen como disciplinas empíricas— de que toda prueba debe ser experimental, no parece razonable poner en duda el valor de la filosofía como conocimiento riguroso. En este sentido se puede decir, con palabras de Husserl, que la filosofía es una ciencia estricta, aunque haya que añadir que con esto se alude solamente a aquellos rasgos de objetividad y de rigor que caracterizan el trabajo del investigador.

6

Como todo conocimiento científico, la filosofía procede por anticipaciones, presunciones y soluciones tentativas frente a sus propios problemas. Estas conjeturas son controladas mediante argumentos, análisis e intentos de refutación severamente críticos. El momento en que el filósofo anticipa la solución de un problema —como aquel en que el científico formula una nueva conjetura o establece un postulado— no tiene gran interés desde el punto de vista epistemológico; se trata, como en el caso de las ciencias, de una aventura personal que puede obedecer a los más variados estímulos. La filosofía, en su sentido más restringido, comienza propiamente en un segundo momento que consiste en someter aquella solución anticipada a la prueba de un argumento. Y el argumento tendrá más fuerza en la medida en que se presente en la forma más fácil de contrastar, por ejemplo, desarrollado en todos sus pasos, cada uno de los cuales sea fácilmente comprobable por cualquiera que conozca las técnicas lógicas.

Desde luego, conviene tener presente todas las diferencias en el arte de la investigación y la distancia que los diversos objetos imponen a las técnicas de trabajo, pero es preciso reconocer lo que hay de común: tanto las ciencias como la filosofía someten sus teorías a los métodos estrictos de la investigación crítica. Así como el sistema matemático está sujeto a pruebas de consistencia y la teoría física es sometida a la contrastación experimental, la doctrina filosófica es controlada por el argumento.

Vale la pena aclarar, sin embargo, que para anticipar la solución de un problema el filósofo se vale de pasos preliminares a ese segundo momento de la refutación propiamente dicha, pero en los que procede de la misma manera. El propósito de tales pasos previos es asegurar que las soluciones anticipadas —con independencia de su verdad o falsedad— reúnan ciertos requisitos que garanticen que será provechoso trabajar con ellas. La mejor manera de completar este esquema es añadir algunos ejemplos para ilustrar los procedimientos utilizados por filósofos contemporáneos, ya para anticipar soluciones, ya para sujetarlas a comprobaciones. Lo más indicado es que esta ilustración no se atenga a los aspectos que para un observador habituado al trabajo científico pudieran parecer menos discutibles, como podrían ser los mecanismos del cálculo lógico o las reglas para extraer esquemas válidos a partir de axiomas. Además de la lógica formal propiamente dicha, se pueden dar ejemplos de análisis del lenguaje que, al tiempo que enriquecen el cuadro con una variedad de recursos técnicos, permiten mostrar la unidad de los rasgos generales. No cabe hablar, sin embargo, de un método analítico, sino más bien de una variedad de métodos para acercarse a un problema filosófico e intentar soluciones. O mejor todavía, es preferible no hablar de métodos sino de técnicas. En todo caso, algunas de estas técnicas o rutinas para enfrentar situaciones que se repiten son familiares y tienen una larga tradición histórica.[8]

8. Para el conocimiento de estas técnicas —como de otras— nada mejor que el estudio de los textos de quienes las han aplicado. Una información general puede encontrarse en J. O. Ursom, *Philosophical Analysis, its Development between the Two World Wars*, Oxford University Press, 1967; en los trabajos reunidos en el volumen *La philosophie analitique*, Les Éditions de Minuit, París, 1962, especialmente el del mismo Ursom y la discusión general en que participaron Austin, Ayer, Ryle y Quine; sobre los métodos de Wittgenstein debe verse el libro de Waismann, *The Principles of Linguistic Philosophy*, Macmillan, Londres, 1965 (cuya edición española ha sido publicada por el Instituto de Investigaciones Filosóficas, México, 1970); sobre Austin deben verse los trabajos reunidos por K. T. Fann en la primera parte del *Symposium on J. L. Austin*, Routledge and Kegan Paul, Londres, 1969.

Algunas técnicas contemporáneas de análisis fueron concebidas para reformular las proposiciones del lenguaje ordinario, corregir su imprecisión y traducirlo en términos mejores, sea desde el punto de vista lógico, sea desde el punto de vista ontológico. Russell, por ejemplo, en una cierta etapa de su desarollo intelectual, se propuso eliminar de su lenguaje filosófico todas aquellas expresiones que no designaran cosas reales o designaran cosas cuya existencia parecía dudosa. La técnica consistía en reducir unas expresiones a otras que no tuvieran ningún término que designara algo de existencia dudosa para un empirista, remplazando los nombres de aquellos complejos por los de entidades más fundamentales, sin modificar el contenido de la proposición. La verificación de la exactitud del análisis se hacía a base de contraejemplos: de no hallar un ejemplo contrario a las expresiones logradas en la reducción, se podía juzgar ésta como satisfactoria, si bien provisional y desde luego sujeta siempre a nuevas pruebas.

Esta forma de análisis supone que las proposiciones del lenguaje ordinario son correctas, aunque a veces su formulación defectuosa oscurece su valor lógico e impide descubrir su verdadero contenido. Pero no supone una relación necesaria con el empirismo y tiene la ventaja de que permite eliminar entidades problemáticas al analizarlas en términos de entidades conocidas y mejorar nuestro conocimiento de los hechos descubiertos por la ciencia. Tal independencia hizo posible mantener el empleo del análisis por parte de filósofos no empiristas: la diferencia podía surgir en el momento de establecer qué términos debían ser preferidos a otros, pero no en el ejercicio mismo del análisis.

Después de Russell, y en parte como desarrollo de sus

puntos de vista, surgieron otras formas de análisis, alguna de las cuales se propuso la construcción de lenguajes artificiales. Desde este ángulo parecía indispensable superar la vaguedad de los lenguajes naturales mediante un lenguaje o al menos el esqueleto de un lenguaje perfecto, en el sentido de la claridad de sus formas lógicas y de sus conceptos bien definidos. Dentro de un lenguaje artificial los caminos del análisis quedan abiertos y los mismos procedimientos siguen siendo válidos: se dispone de conceptos y de proposiciones básicas a partir de las cuales otras pueden ser deducidas, y a las cuales estas últimas se pueden reducir. Semejante empresa no pretende solamente cumplir un ejercicio de lógica formal, ya que puede transformarse en un método filosófico propio y practicar esclarecimientos de gran exactitud sobre nuestras maneras de pensar. Para examinar los lenguajes naturales y hacer inteligible el aparato conceptual que puede estar implicado en ellos, para efectuar distinciones y desarrollar sus consecuencias, los lenguajes formalizados y el cálculo son un instrumento incomparablemente agudo.

La reacción contra la lógica formal como instrumento de análisis está ligada en parte a los trabajos de Wittgenstein en su segunda época. De acuerdo con este punto de vista, los conceptos de un lenguaje ideal formalizado no pueden expresar los del lenguaje ordinario sin falsearlos. Por ejemplo, pueden incluir inferencias que no se encuentran en el pensamiento ordinario, o no incluir todas las formas que se dan en el pensar cotidiano. El lenguaje tiene muchos usos y niveles, y la tarea de la filosofía es establecer estas distinciones, dar cuenta de la función lógica que tienen los conceptos en cada caso y aclarar lo que la gente hace cuando expresa simpatía, describe situaciones, hace promesas, ordena o da consejos morales.

Lo que se requiere, por lo tanto, es una investigación lo más amplia posible de la forma en que se usan las palabras sobre el fondo de la vida cotidiana para esclarecer el papel que allí desempeñan, sin cuidarse de averiguar nada de la concatenación de los hechos del mundo. Wittgenstein pretende una investigación ejercida como terapia para los equívocos y falacias que son la causa de engañosas analogías. La idea del análisis como reducción de unos términos a otros que traducen los elementos básicos del mundo se ha abandonado, y lo que conduce a investigar una expresión se conecta directamente con el carácter engañoso de la expresión misma. El tratamiento no necesita ser la reducción —que a veces resultará imposible— sino que habrá que proceder con cualquier método de análisis que se muestre eficaz para resolver los enigmas conceptuales y prevenirnos contra las malas construcciones del lenguaje que llevan a teorías absurdas.

Esta manera de plantear las cuestiones de método no es incompatible con la que, más recientemente, ha sido desarrollada sobre todo por un grupo de profesores de Oxford. J. L. Austin, por ejemplo, defendió el estudio del lenguaje ordinario ya no para prevenirnos de las expresiones engañosas o de las malas construcciones, ni para resolver enigmas filosóficos, sino por interés del lenguaje mismo como tópico a investigar con el mayor detalle. Por lenguaje ordinario entendía Austin el lenguaje no filosófico, en un sentido tan amplio que no excluía siquiera el lenguaje técnico de las ciencias, ni el de la física ni, por supuesto, el de las ciencias sociales. Llevado por este interés pudo establecer una serie de técnicas para la investigación sistemática de los fenómenos lingüísticos que, en más de un aspecto, son comparables por su pretensión de objetividad a las técnicas de laboratorio de las ciencias empíricas.

El rasgo más notable de este procedimiento es que su autor lo presentó siempre como adecuado para investigaciones en equipo. Insistió además en que se trataba de técnicas tradicionales, modificadas simplemente en un diseño que permitía alcanzar resultados más precisos y sistemáticos que, en último término, podrían iniciar una ciencia del lenguaje sobre bases seguras.

Al usar esta técnica, un filósofo o, mejor todavía, un equipo de filósofos debe comenzar por elegir un campo de trabajo, el área de discurso en que está interesado. A partir de esta elección debe recolectar todo el vocabulario del área con sus formas gramaticales —no sólo palabras enigmáticas y expresiones engañosas— con ayuda de diccionarios y de literatura no filosófica. En la labor de recolección debe registrar las expresiones en que las palabras ocurren legítimamente, anotando también aquellas que pueden ser reconocidas como no usuales. La siguiente etapa es imaginar situaciones ejemplares en que ocurren las palabras y frases legítimas, utilizando además sinónimos apropiados y apoyando, cuando sea posible, las situaciones imaginadas con documentos. Este ejercicio mostrará que utilizamos muchas expresiones, suministradas por la riqueza de nuestra lengua, para dirigir nuestra atención sobre una multiplicidad no menos rica de situaciones reales o posibles. El uso lingüístico es el campo experimental, prácticamente el único campo de que disponemos para captar el funcionamiento de nuestros conceptos. A la luz de los datos obtenidos en este campo se puede intentar una primera versión del significado en los términos y de sus relaciones, y además se puede dar cuenta de por qué ciertas expresiones tenidas por plausibles no se pueden decir en determinadas circunstancias. En este momento se formulan hipótesis para explicar qué rasgos de la situación nos obligan a elegir una expresión en vez de otra, porque si la elección no es arbitraria debe haber algo que explique la preferencia. Y la prueba de la hipótesis sobre el uso adecuado de una expresión es un consenso razonable entre los participantes del grupo de trabajo. En esta etapa, no antes, empieza a ser provechoso el trato con aquello que otros filósofos y gramáticos han dicho acerca de la misma área de discurso: el consenso razonable es apenas el dato previo que puede servir de punto de partida. Pero es un dato que pretende objetividad puesto que proviene del trabajo de un grupo y está sujeto al examen de ejemplos y contraejemplos.

En la confrontación con el pensamiento de los filósofos surge la posibilidad de examinar tesis tradicionales y de mostrar hasta qué punto dependen en su aparente plausibilidad del mal entendimiento de ciertos conceptos clave. Austin no se oponía a que los filósofos establecieran una nueva terminología; el punto que sostuvo es que con frecuencia se encuentra materia de mayor interés en el lenguaje ordinario que en el estudio de las alternativas propuestas por los filósofos.

Preguntarse, por ejemplo, por la naturaleza de la acción humana en un asalto frontal al problema es desde luego un error metódico, pero es además una postura intelectual primitiva y abstracta que no nos permitirá ir más allá de algunas afirmaciones generales. En cambio, investigar a partir de una lista suficientemente larga la diversidad de las expresiones que podemos emplear, para matizar la extraordinaria complejidad de las situaciones en las que estamos obligados a hablar de lo que alguien hizo, sería un procedimiento adecuado. Habría que establecer un sistema de diferencias graduadas y explicar, entre otras cosas, cada una de las calificaciones adverbiales ilustrándolas en cada caso con ejemplos típicos que captaran el punto peculiar de cada expresión. Si logramos establecer lo que distinguen nuestras expresiones cuando decimos que "alguien lo hizo deliberadamente", "intencionalmente", "por error", "forzado por las circunstancias", "sin querer", etcétera, sin descuidar ninguna distinción como trivial, estaremos más preparados para marcar los límites del concepto de acción.

Por detrás de esta táctica, de buscar diferencias graduadas y matices en el uso de un concepto central, está la convicción de que cada diferente expresión tiene su justificación en la economía del lenguaje. La tarea consiste simplemente en descubrir aquellas situaciones que el lenguaje se vio obligado a reconocer, que consideró dignas de conservar en la corriente de su evolución y son testimonio de una larga experiencia que difícilmente podrán corregir los filósofos. Cada distinción verbal está orgánicamente conectada con otras distinciones y, en conjunto, corresponden muy probablemente a alguna diferencia en la complejidad de nuestra experiencia. El lenguaje ordinario resulta ser un enorme almacén de discriminaciones. Examinar lo que ese almacén contiene parece ser el primer precepto de una sana investigación filosófica.

La última tesis sobre el lenguaje y sobre la conexión orgánica de sus conceptos es lo que permite al análisis filosófico buscar respuestas a cuestiones cada vez más generales. Lo que Strawson llama "metafísica descriptiva" no difiere en cuanto a intenciones y procedimientos del análisis lógico o conceptual. Difiere, sin embargo, por lo que hace a su alcance y generalidad, puesto que busca los rasgos más generales de la estructura conceptual de nuestro pensamiento. Las conexiones y discriminaciones que puede establecer un análisis conceptual más limitado y parcial le parecen a Strawson insuficientes, porque no alcanzan al juego de conceptos que a los ojos de un historiador aparece como el equipo instrumental permanente de una tradición filosófica en que se inscriben los especialistas de más refinado pensamiento. Pero en ningún momento deja de reconocer que el examen detenido del uso de las palabras del lenguaje ordinario es el mejor y ciertamente el único camino seguro en filosofía.[9]

7

A pesar de todas las diferencias en los procedimientos del análisis que han quedado ilustradas en los ejemplos anteriores y, por supuesto, de muchas otras que no han tenido cabida, es inevitable reconocer que son más notables y fundamentales las semejanzas. La única diferencia que, al menos en apariencia, mantiene su fuerza en cuanto al concepto que los filósofos citados tienen de su propia tarea es la que se refiere al uso de lenguajes artificiales. Pero sólo en apariencia, porque en el fondo,

9. P. F. Strawson discute estos temas en el ensayo *Analyse, Science et Métaphysique*, recogido en el volumen ya citado *La philosophie analytique*. También en la "Introducción" de *Individuals. An Essay in Descriptive Metaphysics*, Methuen, Londres, 1957.

para decirlo en términos de Strawson, se trata de dos vías diferentes, una para la reconstitución lingüística, otra para su descripción. Seguir la primera vía en su forma más rigurosa es construir un sistema formal que emplea todo el aparato lógico y donde los conceptos se introducen por medio de axiomas y definiciones. La constitución del sistema tendrá que estar acompañada, al menos en ciertos momentos, de observaciones que fuera del sistema mismo sirvan para relacionar sus conceptos reconstituidos con aquellos que empleamos de manera no sistemática. El sistema de la lógica elemental, por ejemplo, pertenece a este género, puesto que su tarea es la reconstitución del grupo de conceptos que expresan las "constantes lógicas" del pensar cotidiano. La segunda vía parece muy distinta porque no trata de reconstituir ni de prescribir el funcionamiento ideal de conceptos modelo, sino de describir los funcionamientos lógicos efectivos que se dan en el lenguaje de la vida real.

Ambas vías pueden considerarse como complementarias, si se parte de la idea de que el lenguaje tiene varios usos y niveles y se entiende el término esclarecimiento con cierta amplitud. La técnica reconstitucionista, al menos a primera vista, parece el medio adecuado para esclarecer y preparar un término que va a desempeñar un papel en el sistema organizado de los conceptos científicos. Pero no parece la vía más adecuada para alcanzar la comprensión plena de los lenguajes no científicos. Mas el sistema requiere, según quedó advertido antes, un mínimo de observaciones de fuera que le permitan interpretar sus propios conceptos artificiales en términos que no dependan del sistema mismo, es decir, en términos de los lenguajes naturales. Y la única manera de alcanzar este resultado es utilizar los conceptos ordinarios alejados de toda oscuridad, a fuerza de haber logrado la descripción exacta de sus modos de funcionar. Tarea que corresponde al análisis descriptivo.

Los puntos de contacto y las semejanzas entre los diversos procedimientos del análisis filosófico tienen todavía mayor interés. Todo el mundo parece estar de acuerdo en que la filosofía es una actividad dirigida sobre el lenguaje y, de ninguna manera, dispuesta a operar como rival de las ciencias, puesto que no trata de hechos sino de la manera en que nos expresamos de ellos. La experiencia histórica parece haber aconsejado este recurso estratégico en las investigaciones filosóficas. La filosofía se retira de la discusión directa sobre los rasgos fundamentales de la realidad, para concentrar su atención en el lenguaje, dejando a un lado los planteamientos ontológicos abiertos, para discutir sobre las ventajas o desventajas de las teorías sobre la realidad. La utilidad de este cambio de guardia es más clara todavía si se piensa, como piensa Quine, que una investigación sobre los esquemas conceptuales que subyacen en los lenguajes naturales es del mismo orden que una sobre los problemas que plantea el uso de los conceptos fundamentales de las ciencias empíricas o de la lógica. Lo decisivo es no perder de vista que la tarea filosófica consiste en revelar la estructura de aquellos esquemas conceptuales, y que de allí no es posible inferir nada que sea totalmente válido acerca de la estructura de la realidad en cuanto tal.

El esfuerzo de la filosofía contemporánea en el cuidado de que todo problema alcance un punto suficientemente limitado, en el detalle del análisis y en el rigor del argumento, que permite el ejercicio franco de los procedimientos de refutación, hace posible distinguir la filosofía de otras formas no científicas de la vida intelectual. Esta interpretación del desarrollo de la tarea filosófica depende estrictamente del papel de los argumentos racionales en la crítica de toda tentativa para resolver un problema, y hace ver su carácter abierto y provisional, verificable en algún amplio sentido del término. Se trata, para decirlo utilizando palabras con que Popper se refiere a la ciencia, de una idea de la filosofía que considera el enfoque crítico como una característica suprema.

El valor de una tesis filosófica, por lo tanto, debe ser considerado desde el punto de vista de la posibilidad de discutirla críticamente —y de su capacidad para resistir estas críticas. A este punto se conecta, en una posición paralela, otra exigencia que debe ser cumplida lo mismo por la tarea investigadora de la ciencia que por la actividad filosófica: la crítica debe ser fragmentaria. Lo que no quiere decir otra cosa, como indica Popper, sino que la máxima primera de toda discusión crítica consiste en atenernos a nuestro problema y, si es posible, subdividirla y tratar de resolver cada vez una sola cuestión, como si el resto de las cosas viniera a ser en ese momento absolutamente no problemático. El intento de cuestionarlo todo a un tiempo, de atacar problemas demasiado generales a fuerza de no discriminar las cuestiones o de comenzar borrando todo conocimiento previo en busca de planteamientos radicales, son los caminos más seguros para hacer fallar la actividad crítica. El carácter fragmentario de la crítica garantiza que cualquier teoría es examinada en relación con problemas dados; y a la inversa, fuera de esta relación con un problema determinado ninguna teoría puede ser discutida de modo racional.

El hecho de que ciertas doctrinas, examinadas como respuesta a un problema determinado, no puedan ser refutadas por procedimientos lógicos o empíricos —en consecuencia, tampoco demostradas—, las deja fuera del campo de la ciencia, pero también fuera del campo de la filosofía en su sentido más estricto. Mas quedar a salvo de los recursos de la crítica no quiere decir carecer de significado. Este criterio de demarcación no separa un lenguaje con sentido de uno sin sentido, simplemente separa dos formas de actividad intelectual que tienen características y criterios diferentes.

La mera distinción, que no supone cuestiones de rango, conduce a una multitud de problemas que no podemos tratar aquí. En este ensayo nos interesa solamente puntualizar los criterios de la investigación filosófica —asunto a que está destinado el parágrafo siguiente. El ensayo que constituye la tercera parte de este libro se ocupará de algunos aspectos de aquellas doctrinas en principio irrefutables y de la manera en que podemos conducirnos racionalmente frente a ellas. Sin embargo, cabe adelantar que es la calificación del argumento lo que distingue a la filosofía en sentido estricto de las opiniones morales e interpretaciones del mundo de los hombres sabios. Lo que hace el sabio es tomar una posición, una actitud moral, y enseñarla y difundirla del modo que considera más elocuente, sin pretender que argumentos de verdadero rigor lógico funden la validez de sus convicciones.

Sobre el lenguaje y sobre la estructura conceptual de las concepciones del mundo, como sobre el lenguaje corriente de la vida moral y de las ciencias, puede trabajar el análisis filosófico, sin que se confunda la actividad investigadora con la materia a investigar. Y si la actividad filosófica se mantiene alerta a la limitación y autenticidad de sus problemas —cuyas raíces están siempre fuera de ella misma— y si cuida igualmente del rigor y la eficacia de sus procedimientos críticos, no habrá razón para dudar de que pretende operar como ciencia estricta.

A pesar de que la filosofía ha restringido su concepto y ha renunciado a responder a ciertas cuestiones últimas que son tarea de la sabiduría, no han terminado en su seno todas las disputas. Y no se trata de las desavenencias sobre cuestiones últimas, porque ante éstas a la filosofía no le queda más remedio que suspender el juicio y, en todo caso, argumentar contra aquellos que sin prueba alguna han intentado respuestas, exclusivamente para mostrar cuáles son los supuestos que les llevaron a asumir esa actitud. Se trata, en principio, de desavenencias sobre las cuestiones de cierta complejidad cuyos argumentos no se pueden reducir a unos pocos pasos lógicos. Como sucede también en las ciencias, a veces una idea —independientemente de sus virtudes teóricas— suele afectar inclinaciones, hábitos de pensamiento o convicciones muy arraigadas de política o religión y entonces tropieza con resistencias especiales. Puede suceder en tales casos que dos argumentos opuestos se presenten con la misma pretensión de validez, o que un argumento decisivo para un investigador resulte insuficiente a otros colegas no menos expertos ni menos sinceros en su convicción. Aquí hay que repetir lo dicho para casos semejantes de las teorías científicas: como en toda tarea racional, la decisión depende de la refutación y la disputa, y el único requisito metódico es la actividad crítica, es decir, el respeto por los procedimientos de toda discusión racional.

8

Ahora bien, con todo lo que se ha dicho hasta aquí, parece más fácil medir el alcance de los criterios que nos sirven habitualmente para calificar la investigación en filosofía. Tratemos de precisarlos con brevedad.

Toda investigación —incluida, según hemos visto, la investigación filosófica— anticipa la solución de un problema, es decir, propone ciertos enunciados, y después los somete a prueba con métodos estrictos. El resultado de la empresa ha de poder formularse también por medio de enunciados de los que cabrá predicar ya la verdad, ya la falsedad. Pero para asegurar su carácter, toda investigación debe cumplir el requisito de la contrastabilidad, dicho de otra manera, debe poder ser sometida a prueba por cualquier otro investigador las veces que considere necesario. En filosofía, por tanto, la investigación debe tomar la forma de un argumento cuya coherencia lógica pueda ser controlada.

Ésta es la razón de que al filósofo profesional le importen más los argumentos que las conclusiones aisladas de una doctrina; y esto explica también, al menos en parte, el lugar que tienen dentro de la actividad filosófica la historia de la filosofía y hasta la exposición de las doctrinas ajenas de autores contemporáneos.

Y como sucede con la ciencia, en que una teoría resulta mejor corroborada no tanto por el número de pruebas a que es sometida, como por el rigor de las pruebas mismas, así en la filosofía, donde es más fácil someter a examen una doctrina que verse sobre temas concretos, precisos, especiales y que por su brevedad o falta de complejidad pueda ser examinada detenidamente en todos sus pasos lógicos. En este sentido se puede decir que una investigación filosófica debe dar cuenta de sus propios métodos, porque debe presentarse con todo el detalle y extensión requeridos para que pueda ser verificada por cualquiera. Por el contrario, aquellas tesis que se ofrecen de manera tal que no pueden ser sometidas a prueba cuentan, en el trabajo filosófico, solamente como sugerencias o estímulos para nuevas búsquedas.

Las condiciones de precisión, concreción y claridad han de comenzar por el planteamiento del problema. La genuina investigación implica, desde luego, que el esfuerzo inquisitivo se ha de ejercitar sobre auténticos problemas, que además se deben presentar determinados con toda precisión. En ocasiones se puede registrar un progreso en las investigaciones filosóficas simplemente por un buen planteamiento, por ejemplo, cuando de una cuestión que tradicionalmente se ha enfocado de cierta manera se desprenden varias cuestiones separadas que hacen posibles avances más prometedores. Un rasgo notable de la moderna metodología —que vale también para las ciencias— es la preocupación por comprender exactamente el alcance de cada enunciado: el análisis del lenguaje es inseparable del análisis lógico.

Ahora bien, este tipo de tareas supone, por parte del investigador, un cabal conocimiento de su campo de trabajo y un dominio de los métodos idóneos. Se habla de campos de trabajo en la medida en que la reflexión filosófica está ligada al estado actual de las ciencias —de todas las ciencias, lo mismo las naturales que las de la sociedad y de la historia— y en que el interés del filósofo se encuentra dominado naturalmente por una cierta región de problemas. Cada filósofo elige aquellas cuestiones para las cuales se encuentra mejor equipado, por su información o por su entrenamiento previo. Pero no se trata de ninguna manera de apartados herméticos, ni siquiera de una especialización en el sentido corriente de las ciencias que pudiera parecer la separación de campos temáticos: los problemas siempre van más allá de los límites convenidos que separan las disciplinas tradicionales. Por esta razón, el campo puede quedar, a propósito de una cierta investigación, momentáneamente reducido a la región de discurso de que hablaba Austin. Sin embargo, como no se trata de una condición suficiente, los límites han de ser entendidos con gran elasticidad. Pocas cosas tendrían mayor peso para justificar las dudas sobre la competencia de un filósofo que su ignorancia de todas las cuestiones filosóficas que no estuvieran comprendidas dentro de su campo de trabajo.

El conocimiento del propio campo de investigación se liga con lo que podría considerarse una variante del método histórico. El filósofo está obligado a conocer los intentos ajenos para resolver el problema que se plantea y, naturalmente, a enfrentarse a ellos con sentido crítico, es decir, a discutirlos con lealtad. A menudo el progreso de la filosofía depende —como el de la ciencia— de la refutación de una doctrina que se tenía por suficiente: nuestro conocimiento avanza a través de la corrección de nuestros errores. Por otra parte, desde un punto de vista puramente didáctico, la crítica de un intento previo suele ser la mejor manera de mostrar la novedad de la aportación que se hace, sin perjuicio, es claro, de que la aportación venga acompañada de sus propios elementos demostrativos.

Hemos puesto hincapié en la actividad crítica y hemos llamado la atención sobre el hecho de que los argumentos filosóficos toman la forma de un procedimiento que destruye una doctrina —como en su caso la prueba científica destruye una hipótesis. Nada de esto significa que la crítica sea exclusivamente destructora de ambigüedades, de falsas doctrinas, de prejuicios. La mera crítica tiene ya aspectos positivos: por ejemplo, conduce a una comprensión más profunda del lenguaje; lleva a dividir un problema filosófico en varios problemas distintos, o desprende de la interrogación filosófica una o varias cuestiones que caen en el campo de la ciencia; hace ver exactamente en qué punto la teoría contradice otra tesis mejor corroborada, o en qué punto resulta incompatible con algún acontecimiento empírico; permite corregir la descripción de un hecho, o muestra en qué dirección debe ser modificada una tesis para incorporar nuevos elementos lógicos. En todos estos casos contribuye a hacer surgir, dentro del mismo proceso crítico, una nueva teoría. Ahora bien, la nueva teoría puede consistir simplemente en la propuesta para considerar de una manera distinta las relaciones entre conjuntos de conceptos, lo que a su vez iniciará un nuevo proceso crítico conducido a mayores niveles de precisión. Por tanto, es la actividad crítica lo que hace posible corroborar la verdad de una tesis y mantener en marcha el progreso de la tarea filosófica. Porque lo decisivo en una doctrina filosófica, como en una científica, no es su origen ni su aceptación por un público más o menos amplio, sino precisamente su poder explicativo y su capacidad para soportar comprobaciones.

Por encima del espectáculo, a veces excesivo, de la disputa de las tendencias y de las generaciones de filósofos, la filosofía de nuestro tiempo parece mantener aquella pretensión de ciencia estricta, que Husserl señalaba como una de sus características permanentes a través de la historia. La tradición de la filosofía, nacida en las costas de Jonia, se ha mantenido y se ha fortalecido con el desarrollo de la ciencia moderna: es la tradición de la argumentación crítica. Frente a la sabiduría o el mito, frente a la superstición o la simple elocuencia, sobrevive el espíritu severamente escéptico de la filosofía que señala límites a la imaginación creadora, muestra la torpeza de las actitudes ingenuas en la construcción intelectual y somete a control todo impulso especulativo.

Finalmente, cabría intentar, al margen de estos criterios generales de la investigación filosófica, el señalamiento de los estigmas de la seudofilosofía, de la misma manera que se ha hecho con la seudociencia.[10]

Pienso que valen también en el campo de la filosofía los dos signos que se han señalado para caracterizar la producción seudocientífica. También las obras seudofilosóficas se cumplen normalmente en un relativo aislamiento frente a la corriente principal de la investigación contemporánea; y también es frecuente que los hombres que las producen revelen, en lo que se refiere a sus propios descubrimientos, una cierta inclinación a la paranoia. Pero en verdad tales estigmas no son dignos de confianza: la historia de la cultura da ejemplos de grandes investigadores aislados, opuestos a la corriente de la investigación y enemistados con la ortodoxia científica de su tiempo; igualmente da ejemplos de filósofos innovadores que mantuvieron tercamente algún punto de vista frente a la mayoría de sus colegas, sin ser por eso sospechosos de manías de grandeza. En realidad, como ha dicho Nagel a propósito de la ciencia, nada puede autorizarnos a eludir por completo el examen de las teorías

10. Por ejemplo, en un libro de Martin Gardner citado por Ernest Nagel en el ensayo *Stigmata of Pseudo-Science*, recogido en el volumen *Logic without Metaphysics*, The Free Press, 1956, pp. 327-30.

heterodoxas. Mantener la solidez de la ciencia, como de la filosofía, lleva a enfrentarse críticamente a todas las doctrinas injustificadas, a todas las teorías que pretenden presentarse como conocimiento riguroso. Al margen de los propios avances, toda tarea investigadora debe cumplir de modo constante esta función complementaria.

Esta mirada alerta es otro de los elementos que contribuyen al progreso de la filosofía. La tarea de descubrir nuevos argumentos, de mostrar con mayor rigor la validez de otros y de definir más claramente los problemas no está reñida con aquella actitud que mantiene un intercambio abierto con generosidad a toda información y sugerencia, y ejercita la discusión libre que es inseparable de su tradición racionalista y crítica. Un clima de brumas rodea de modo permanente a la filosofía, en esa zona se localizan la palabra del sabio, el gesto del místico, el canto del poeta y la imaginaria visión del solitario; frente a ellas y aprovechando sus incitaciones descubre la ciencia nuevos hechos y ejerce la filosofía su misión de claridad.

Filosofía, ciencia y sociedad

Thus there is a path which leads from technology to science and from science to philosophy.

PHILIPP FRANK: *The Origin of the Separation between Science and Philosophy*, Proceedings of the American Academy of Arts and Sciences, vol. 80, núm. 2, 1952, p. 118.

I. SOBRE LO QUE IMPLICA EL DESARROLLO

En los últimos años se ha hablado mucho de nuestro desarrollo económico y es bastante seguro que un buen número de mexicanos tiene plena conciencia de lo que significa el crecimiento de nuestra capacidad productiva como unidad nacional, sobre todo, de lo que significa por sus consecuencias sociales, no tanto por el incremento de riqueza como por la capacidad para eliminar del territorio los núcleos de incomunicación, de insalubridad y de miseria. Lo que resulta menos seguro es que esta conciencia de la urgencia del desarrollo sea más o menos clara en cuanto a lo que verdaderamente implica como proceso permanente, es decir, como mecanismo de autorreproducción y crecimiento de una sociedad. En estas páginas trataremos de destacar exclusivamente uno de los aspectos implicados.

Desde un punto de vista más general que el que deriva de la mera aplicación de los indicadores que suelen practicar los economistas, la distinción entre los países plenamente desarrollados y aquellos que se encuentran en vías de desarrollo parece más bien una distinción entre niveles de civilización. Dicho de otra manera, el desarrollo de que dan ejemplo los países altamente industrializados se caracteriza en primer lugar por estar penetrado en todos sus aspectos por el signo de la ciencia. En cambio, los esfuerzos de crecimiento de los países atrasados, y su vida social entera, cuando no carecen totalmente de un trasfondo de racionalidad y de saber científico, parecen respuestas a partir de un saber muy derivado, medidas de emergencia surgidas por la presión de los acontecimientos que no tienen en la base una investigación de principios, un saber original de amplia perspectiva.

A partir del siglo XVIII, aunque venían siendo preparados desde antes, ciertos cambios de actitud iniciaron un movimiento notable que marcó la estructura y el ritmo de evolución de las sociedades hasta alcanzar lo que ahora llamamos sociedad industrial. Se trata de una sociedad que vive desde la ciencia y la técnica, como otras vivieron antes desde la religión o las organizaciones guerreras. Al principio el cambio fue lento y pareció consistir solamente en la eliminación de ciertas creencias tradicionales infundadas, pero, a medida que los descubrimientos científicos se emparejaron con los adelantos técnicos, el movimiento fue acelerándose y enfrentando sus problemas sociales, hasta descubrir el desarrollo de la sociedad industrial como un horizonte abierto, como un mecanismo que no tiene en sí mismo su propio término y que se alimenta simultáneamente de dos fuentes: la investigación científica y el cambio social.

Sin tocar las cuestiones relativas a los cambios sociales, hemos de concentrar nuestra atención en el hecho de que la investigación científica se ha convertido en fundamento y motor de progreso de las sociedades industriales. El rasgo más característico de las sociedades industriales es la institucionalización de la investigación científica y, seguramente, las consecuencias de esta institucionalización en otros campos de la vida social. Algo de esto puede verse, por ejemplo, en la división social del trabajo, cuyo régimen de ocupaciones tiene una indudable relación con las divisiones del conocimiento científico en especialidades. Y dependiendo del régimen ocupacional, todo el sistema educativo, que funciona como órgano de selección social, se estructura también para desembocar en un sistema de profesiones especializadas de base científica. Pero aun en estratos más profundos, nuestro mundo vital cotidiano se encuentra cubierto de productos técnicos y de prescripciones de origen científico que obligan al hombre corriente a aceptar actitudes que suponen un mínimo de racionalización en sus tareas, por muy humildes que sean y muy alejadas de la actividad científica propiamente dicha. Pues bien, tal disposición psicológica está en la base del progreso de las sociedades industriales y en el comienzo mismo de su desarrollo. Hasta el punto de que un sociólogo de la mayor autoridad en estos asuntos ha dicho hace poco que la distancia verdaderamente decisiva en los niveles de desarrollo de los distintos países podría medirse —aunque constituya una unidad de medida demasiado sutil— por el grado mayor o menor de la "preformación científica de la vida" manifiesta en ellos.

Es verdad que el progreso científico contemporáneo es solamente un eslabón en un largo proceso de racionalización y de avance del pensamiento crítico que comenzó, probablemente, en la Grecia clásica. Pero la institucionalización de la ciencia y la preformación científica de la vida son fenómenos contemporáneos. Conviene aclarar que la actitud del hombre corriente a que hacemos referencia, y que está en la base de la expansión de la sociedad industrial precisamente como un apoyo de aquel proceso, no significa tanto un aumento en sus conocimientos acerca de las relaciones entre los fenómenos, sino más bien otra cosa: la conciencia de poder conocer esas relaciones en cualquier momento si nos sujetamos a ciertos procesos de adiestramiento y la seguridad de que otros hombres las conozcan y pueden dominarlas mediante un cálculo.

De la misma manera, es significativo el hecho de que los países más desarrollados industrialmente sean precisamente aquellos que invierten un porcentaje mayor de su producto nacional en las investigaciones científicas, en las instalaciones y en los proyectos, pero también en la preparación planeada de los cuadros, administrativos y técnicos, que los institutos de investigación requieren para su funcionamiento continuado y su crecimiento futuro. La ausencia de estos equipos de personas preparadas para el trabajo intelectual, a través de largos procesos de aprendizaje y de ejercicio, suele señalarse igualmente como la brecha más grave que se abre entre los países altamente industrializados y aquellos que se encuentran en vías de desarrollo. Un distinguido investigador mexicano ha llamado la atención sobre los aspectos amenazantes que derivan del ahondamiento de esta brecha, que acabará por entregar definitivamente a los países productores de ciencia el dominio completo, ideológico y técnico, de todos nuestros sistemas de producción y aun de distribución y consumo.

Naturalmente que no hay una relación inmediata y directa, un enlace evidente entre la inversión para las investigaciones y el aumento creciente de la actividad económica. La investigación científica, aparte del largo período de preparación que requiere el hombre de ciencia, es un fenómeno demasiado complejo que no depende sólo de lo cuantioso de las inversiones, sino que está ligado a otros componentes del sistema social. En cada país la investigación exige como un requisito previo ciertas condiciones sociales que pueden abarcar desde la garantía de respeto a las normas institucionalizadas del trabajo científico propiamente dicho hasta el contacto con una estructura industrial efectiva, por ejemplo en los campos de adaptación tecnológica. Pero ni esta indicación ni lo que en seguida se dirá sobre el mismo asunto suprime el hecho de que, a partir de un cierto momento, el desarrollo económico planeado y la investigación científica se exigen recíprocamente y, además, de que, una vez que ambos han sido puestos en marcha, corresponde una cierta prioridad en el tiempo al progreso de la investigación. Al menos esto parece probado históricamente en la edad contemporánea: en las etapas intermedias del desarrollo, la ausencia de investigación científica y, consecuentemente, la falta de dominio de tecnologías nuevas, constituye un obstáculo para que las sociedades mantengan un buen ritmo de crecimiento. En cambio, en aquellas sociedades que han entrado de lleno en la etapa madura del desarrollo y logrado determinadas condiciones sociales, se da primero el descubrimiento científico, después la aplicación técnica y, como consecuencia, la productividad y el crecimiento de la economía.

II. LA INSTITUCIONALIZACIÓN DE LA INVESTIGACIÓN CIENTÍFICA

La investigación científica sólo se desarrolla a niveles apreciables cuando se institucionaliza como parte de la estructura ocupacional de un sistema social y cuando se cumplen ciertas condiciones definidas, ciertos requisitos culturales bajo la forma de un estado adecuado de conocimientos, que a su vez encuentran el apoyo de una tradición cultural de base más amplia. Los procesos concretos de desarrollo de la ciencia se orientan y se canalizan de acuerdo con estímulos o con obstáculos que provienen de diversas estructuras sociales. Estas acciones pueden modificar la marcha de la ciencia, acelerar o restringir sus avances e incluso impedirlos totalmente. A su vez, la investigación científica es una fuerza dinámica de cambio social y da nacimiento a productos culturales que actúan sobre otras estructuras del sistema —aunque no siempre de manera positiva.

En un sistema social complejo cada una de las ramas de la tradición cultural requiere un cuerpo de expertos. La ciencia se integra al sistema como un elemento de ese vasto cuerpo de la investigación, como un elemento de importancia creciente, pero al lado de otros que una vieja opinión suele colocar como ajenos y hasta opuestos, por ejemplo, las humanidades. Pero, además, la ciencia se integra al sistema dentro de la estructura institucional de la educación, también con importancia creciente, y comparte con otros elementos culturales la función de educar a los miembros más jóvenes de la sociedad, en especial a los grupos dirigentes.

La participación en la investigación y en el cultivo de una tradición cultural y el sistema educativo son la base de la institucionalización de la ciencia como parte de la estructura social, el campo de la función social de los científicos. Doble tarea que, al menos en los últimos cien años, se presentó como la tarea unitaria y específica de la universidad moderna, pero que en fecha reciente ha sido puesta en crisis, en tanto que función unitaria, con el desarrollo independiente de los grandes institutos de investigación que ya no se insertan dentro de la organización académica tradicional ni desempeñan en sentido estricto funciones educativas.

No tocaremos, sin embargo, este tema en disputa, porque no es indispensable para lo que ahora interesa. Bastará señalar ciertos rasgos generales del papel ocupacional del investigador científico dentro de una sociedad industrial, lo mismo en la universidad que fuera de ella.

Las sociedades industriales han dado prueba de que el desarrollo de la investigación requiere, en primer lugar, un buen número de hombres de ciencia altamente calificados, requiere al sabio de amplio horizonte intelectual capaz de descubrir problemas y de idear soluciones nuevas. Pero al lado de estos investigadores, que son la versión moderna de aquella imagen tradicional del sabio aislado en su cuarto de estudio o en la soledad del laboratorio, aparece un estrato más amplio de profesionales de la ciencia, de hombres científicamente activos que son los encargados de llevar a término los grandes proyectos y de mantener la investigación sostenida. Todavía hay un tercer estrato de técnicos, preparados hasta cierto nivel en las cuestiones básicas de la ciencia, que se ocupan de tareas secundarias o de administración, pero que son capaces de comprender aquello que hacen los científicos. Finalmente, una comunidad entera de hombres educados que se entere con interés de la marcha de la ciencia y sepa reconocer la importancia de sus descubrimientos, en una palabra, un público capaz de crear el clima intelectual que necesita para vivir la investigación intensiva.

Este cuadro, que no hace sino comprobar las formaciones sociales del mundo académico en los países avanzados, quedaría incompleto si no se añadieran algunas indicaciones sobre la estructura cultural que circunda las tareas de la ciencia como institución. De una manera general y sin entrar a mayores precisiones, vale decir que la meta de la investigación científica es la ampliación de los conocimientos. Y para dar cumplimiento a esta meta es indispensable seguir ciertos procedimientos que fundamentalmente consisten en formular hipótesis o conjeturas y someterlas a prueba, es decir, sujetarlas al control de la congruencia lógica o de la prueba empírica. Pues bien, de estos rasgos que definen la estructura de la ciencia como método de inquisición se desprenden ciertas normas, hábitos y creencias que los científicos consideran inseparables de su trabajo, aunque en algún punto pudieran rebasar las exigencias metódicas en sentido estricto. Pero, de cualquier modo, es un hecho que cuando presiones sociales que provienen de otros sectores afectan la autonomía de la ciencia como institución y alteran aquellas normas que han recibido la adhesión convencida de los investigadores, el desarrollo de la ciencia pierde su ritmo, se desvía y en ocasiones puede detenerse por completo. Y no es arriesgado suponer que la ciencia tendrá mejores oportunidades de desarrollo en aquella estructura social que garantice y proteja sus peculiaridades institucionales.

Tratemos de establecer muy brevemente en qué consisten estos hábitos de trabajo que algunos sociólogos han dado en llamar la moral de la ciencia. En primer lugar, los procedimientos de la ciencia, al delimitar ciertos dominios de objetos, obligan a orientar las tareas de una manera especializada y esto exige a su vez la especialización profesional dentro de los campos de investigación. A determinados niveles, el papel del científico se hace más técnico e inaccesible a los legos, de manera que el juicio definitivo sobre el valor de su trabajo ha de quedar en manos de sus iguales profesionalmente calificados. La contrapartida de este rasgo se encuentra en el espíritu de colaboración y comunicabilidad que preside toda investigación. La ciencia es una empresa cooperativa, a veces una cooperación de individuos en competencia, pero siempre en busca de ciertos resultados que deben ser comunicados y, en último término, destinados a la sociedad. El concepto institucional de la ciencia en las sociedades avanzadas, que se mantiene en términos de orientación colectiva, está fundado en este imperativo de la comunicabilidad de los resultados.

Esta especie de fraternidad de investigadores, que se hace presente con la institucionalización de la ciencia, es inseparable de ciertas convicciones básicas y de ciertas normas de probidad. Las proposiciones de la ciencia son intersubjetivas y su validez es independiente de los individuos y de los grupos: la objetividad excluye todo particularismo y debe ser sometida a criterios impersonales de verificación. Dado el carácter público y comprobable de la ciencia, la disciplina y la neutralidad afectiva del investigador aparecen a la vez como requerimientos metodológicos e institucionales. Y todo esto lleva, desde otro ángulo, a la pretensión de cierta autonomía institucional. La investigación científica, entregada a la búsqueda de soluciones para los problemas de su campo, búsqueda que depende, en primer lugar, del estado actual de los problemas y, en segundo lugar, de la estructura misma de los métodos, rechaza la interferencia de otras agencias extracientíficas que no se conforman con estimular sus avances sino que intentan alterar sus metas o interrumpir la continuidad de la investigación.

El carácter cooperativo de la ciencia se manifiesta también en el reconocimiento de una tradición común, de una tradición universal que pertenece a todos. Es una tradición que tolera desviaciones y puntos de vista originales —siempre que respeten las reglas del juego de la metodología científica— porque es una tradición racionalista y crítica. En este sentido cabe decir que la ciencia es el escepticismo organizado, porque implica la posibilidad de someter a discusión y prueba todo principio: los principios de la rutina y de la autoridad, los de las instituciones y las costumbres y, desde ciertos ángulos, no respeta siquiera el ámbito de lo sagrado.

Finalmente, el cultivo de la ciencia exige un desarrollo equilibrado. No cabe suponer el avance de una disciplina mientras otras permanecen rezagadas. Una consideración superficial del significado de la especialización científica podría suponer lo contrario, pero ya hemos dicho que la especialización creciente de las ciencias, lejos de obedecer a causas recientes o accidentales de su desarrollo, obedece a cuestiones esenciales de método. La ciencia, que es el modo en el cual se nos hace patente la realidad bajo su forma objetiva, opera invariablemente con métodos que delimitan los dominios de objetos y dan lugar a especialidades. Y precisamente el desarrollo de las investigaciones provoca un movimiento complementario, aparentemente de sentido inverso: el que atiende los terrenos colindantes, el de la interrelación de las distintas especialidades que da lugar a disciplinas nuevas de nombres dobles y a veces triples, que constituyen otras tantas ligas de relación entre las especialidades y contribuyen a mostrar la unidad fundamental del saber.

La exigencia de equilibrio a que hemos hecho mención parece muy clara tratándose del trabajo científico, pero los sociólogos han observado que no se limita a las especialidades científicas como tales, sino que abarca a otros campos de la tradición cultural: desde luego a la ciencia aplicada y a la filosofía, pero también a la creación artística y a la ideología, hasta las creencias religiosas y los ideales morales. La institucionalización de cualquiera de estos campos de la tradición cultural en tareas ocupacionales relativamente especializadas favorece la organización institucional de otros y contribuye a su fortalecimiento canalizando las tensiones inevitables que se presentan naturalmente entre todas las actividades especializadas de una sociedad. Cada una de las actividades organizadas, junto con el público educado, ofrece al resto de las especialidades científicas y a los otros campos culturales ese ambiente de atención, de resonancia y de estímulo que, cuando forma parte de una tradición que da valores muy altos a la actitud racional y al conocimiento crítico, hace posible la estabilidad social de la ciencia.

Como estas observaciones de los sociólogos pueden parecer demasiado generales, vamos a intentar ver más de cerca algunas de las relaciones entre la ciencia y la investigación tecnológica y después entre la ciencia y la filosofía.

III. CIENCIA Y TECNOLOGÍA

Históricamente la ciencia ha ganado un lugar entre las tareas especializadas de la sociedad moderna gracias a una formidable tradición cultural que apoya sin condiciones toda actitud racionalista y crítica, mas también es verdad que su posición institucional ha podido ser mantenida y reforzada por sus frutos prácticos. Pero ha habido también una oposición tradicional a la actitud racionalista y crítica como hay ahora una oposición a los productos prácticos de la ciencia. La hostilidad hacia la investigación científica nace de estas dos circunstancias.

La idea de que los resultados prácticos de la ciencia contradicen ciertos valores fundamentales tiene su apoyo en algunos hechos verdaderamente graves frente a los cuales parece haberse afinado la sensibilidad de los hombres, especialmente después del estallido de la primera bomba atómica. Éste no es el único ejemplo que podría citarse, pero seguramente es el más dramático. Es verdad que el conocimiento científico es eficaz y que produce resultados aplicables que pueden ser aprovechados para la destrucción y para el mal. Pero de este hecho no sería correcto derivar una actitud irracional que condene la ciencia en bloque. Más bien lo contrario: lo indicado es sostener que la investigación científica en general no concluye, por ejemplo, con la realización de sus metas primordiales de ampliar nuestro conocimiento de la realidad, ni siquiera con la obtención de ciertos resultados que a la corta o a la larga son aplicables para transformar esa realidad, sino que debe ser prolongada, en cuanto investigación racional y actitud crítica, hasta la comprensión de las consecuencias sociales de aquellos conocimientos y de sus aplicaciones.

Precisamente porque el trabajo de la ciencia no se realiza en el vacío social, las consecuencias de este trabajo no deben escapar a su interés racional, aunque trasciendan los límites de ciertas especialidades: los problemas morales y políticos deben ser abordados con una mentalidad crítica adiestrada en los métodos de la ciencia y reclaman la colaboración de los investigadores interesados, con los sociólogos y los filósofos. En primer lugar, porque el científico no puede renunciar a sus responsabilidades sociales y humanas, pero además porque las consecuencias de la aplicación de los productos técnicos acaban por perturbar los objetivos originarios de toda investigación. Lo mismo el desinterés irresponsable que la confianza ciega, en que todos los efectos sociales de la ciencia son beneficiosos a corto o a largo plazo, son puntos de vista que deben ser controlados y racionalizados.

La otra fuente de hostilidad hacia la ciencia, a pesar de que tiene una historia más larga, ofrece menos interés teórico. Es una actitud irracional que se enfrenta a la ciencia —por supuesto también a la filosofía— apoyada en un sentimiento de incompatibilidad entre determinadas proposiciones científicas y los principios que sirven de base a otras instituciones sociales. Esto está en relación con la actitud escéptica y siempre controvertible de la ciencia, de que antes hablamos, en el sentido de que esta actitud implica la capacidad de someter a prueba todo principio. Y aunque la adhesión emocional a ciertas instituciones puede no ser cambiada por las afirmaciones de la ciencia, porque no se da entre ambas una necesidad lógica, es verdad que tales adhesiones pueden ser afectadas indirectamente por la investigación científica, como una derivación psicológica más o menos comprensible.

He aquí un delicado problema que surge de las inevitables tensiones entre las diversas actividades institucionalizadas de una sociedad.

Una de las formas de enemistad hacia la ciencia, que afortunadamente parece declinar, pero que en los años recientes ha impedido algunos desarrollos, tiene su apoyo en esta misma actitud irracional que hemos mencionado, pero que, lejos de manifestarse abiertamente, se oculta en un entusiasmo superficial por ciertos productos de ciencia aplicada y predica las ventajas de una investigación puramente tecnológica. El éxito social por lo menos momentáneo de esta forma de hostilidad hacia la ciencia es fácilmente explicable.

Los descubrimientos científicos no suelen tener un carácter espectacular, tal vez la mayor parte de los avances importantes pasan desapercibidos para el público no especialista y vienen a ser reconocidos sólo cuando el desarrollo posterior de la investigación hace patente su fecundidad. Y en muchas ocasiones ni siquiera esto es suficiente, es necesario que las aplicaciones prácticas de que son objeto aquellos descubrimientos llamen la atención de un público más amplio. Por esta circunstancia se puede comprender el hecho harto frecuente de que, cuando se piensa en el desarrollo económico y en la forma en que debe ser apoyado por el trabajo científico, difícilmente se piensa en otra cosa que en preparación de mano de obra calificada, educación técnica a nivel profesional y, cuando más, en investigaciones de ingeniería. También tiene relación esto con otra situación de carácter nacional: una gran parte de nuestras industrias trabajan para satisfacer necesidades locales y no se ven obligadas a competir en el mercado mundial, o simplemente elaboran productos de patente extranjera. Pero en ambos casos dependen de la investigación que se hace en otros países y marchan con retraso respecto de ella.

La necesidad de cambiar estos puntos de vista se hace sentir de manera cada vez más clara. Por una parte, se ha llamado la atención con saludable insistencia sobre el significado que esto tiene para el desarrollo; por otra, la divulgación de los conocimientos científicos ha contribuido a difundir la idea de que existe un enlace más o menos directo entre los descubrimientos y sus aplicaciones técnicas. Los ejemplos para ilustrar esto último pueden repetirse: entre la fecha en que se tuvo conocimiento de la fuerza expansiva del vapor y la fabricación de máquinas de vapor transcurrieron más de cien años; pero entre el descubrimiento de elementos semiconductores que podían aplicarse técnicamente y la producción de transistores pasaron solamente cinco años; y desde el descubrimiento de los rayos láser hasta su aplicación técnica transcurrió un lapso menor de un año. Seguramente no podrían hallarse ejemplos tan elocuentes como éstos en todas las ramas del conocimiento, pero a pesar de las diferencias tiene gran peso la experiencia de que los adelantos logrados en ciertas disciplinas, aun en aquellas de índole más general y de principio, acarrean cambios en nuestra manera de pensar que acaban por influir en nuestra vida práctica.

Este emparejamiento de los avances científicos con los adelantos técnicos, a que ya hicimos alusión más arriba, ha tenido entre otros efectos saludables el de aportar mayor claridad al concepto tradicional de la investigación científica que, por otra parte, nunca consideró que el saber hacer de la técnica se diera por separado del resto del saber. Durante mucho tiempo se consideró como característica el pensamiento griego clásico, la abierta oposición entre el conocimiento racional y las ocupaciones serviles, pero esta opinión ha sido sometida a una severa revisión por los historiadores contemporáneos que han mostrado las relaciones entre los primeros filósofos griegos y el desarrollo de actividades e invenciones prácticas, y, además, han puesto en claro que los autores de las antigüedad midieron también el valor económico y moral del trabajo técnico y, lo que más importa, su valor intelectual y cognoscitivo como medio de descubrimiento de los secretos de la naturaleza.

En la ciencia moderna se hizo más patente la liga entre el saber hacer de la técnica y el resto del saber: la física, por ejemplo, en tanto que física experimental, depende en su progreso directamente de la construcción de aparatos. Si bien su carácter experimental no le viene de esto sino de comportarse frente a la naturaleza como ante un depósito de energía, ante un complejo calculable y previsible de fuerzas por experimentar. Si la técnica artesanal descubría realidades nuevas al producir lo que la naturaleza no produce sin intervención del hombre, la técnica moderna pone a la naturaleza en condiciones de liberar una energía que puede ser acumulada y transformada, lo que constituye también un modo de descubrimiento. Ambas técnicas operan en el dominio de la verdad y su eficacia lleva implícita la unión de trabajo y conocimiento. La relación se da en cualquier nivel, el del trabajo manual e intelectual, el de la investigación aplicada y pura: toda investigación y sus frutos se une inevitablemente, a la corta o a la larga, a la acción y, lejos de ser el tesoro oculto de nuestro pequeño negocio o la contemplación pura del espectáculo del mundo, es el horizonte de toda actividad práctica. Cuando se habla de ciencia pura, en el sentido de que no está dirigida de modo inmediato a resolver problemas técnicos, no se piensa que no pueda ser extraordinariamente provechosa. Por el contrario, en algunos campos de la investigación la diferencia entre ciencia pura y ciencia aplicada parece incierta, en la medida en que las adaptaciones técnicas tienen un alto poder fecundante para el trabajo científico y éste, por su parte, obliga constantemente a la técnica a enfrentarse a nuevos problemas.

No obstante, en las cuestiones básicas existe una marcada diferencia entre la investigación científica y la técnica. Es verdad que la tecnología no es la mera aplicación de un conocimiento científico dado a determinados problemas prácticos, sino que ella misma constituye un enfoque científico de tales problemas y, en consecuencia, está obligada a establecer procedimientos propios de investigación, lo cual puede conducir a obtener nuevas informaciones. Pero la investigación tecnológica siempre queda atada a reglas empíricas y a principios prácticos que pueden permanecer inexplicados por la ciencia, aunque de alguna manera son eficaces. Son cuestiones que la investigación tecnológica nunca se plantea por no distraerse de sus problemas prácticos. Y, cuando sus propios problemas prácticos le obligan a planteamientos más generales, acude a la ciencia en busca de nueva información.

La ciencia, en cambio, trasciende con mucho los límites de los terrenos prácticos particulares y su contenido no se agota en la información que proporciona a la investigación tecnológica. Aunque procede siempre a partir de problemas bien delimitados y descompone uno a uno sus elementos, a medida que avanza en la investigación no se conforma con dominar la experiencia pasada sino que busca que sus explicaciones alcancen el mayor número de circunstancias nuevas previsibles, busca abarcar siempre más uniformidades y establecer leyes cada vez de mayor generalidad. Frente a nuevas informaciones inconexas, la ciencia busca la forma de organizarlas lógicamente y trata de integrar una teoría a un grupo de teorías.

Esta exigencia de generalidad impide que la ciencia considere su propio progreso como una mera acumulación de informaciones. La tarea de la ciencia consiste tanto en descubrir nuevos hechos como en plantear nuevos problemas cada vez más profundos y más generales, y ensayar respuestas a esos problemas perfeccionando sus esquemas teóricos con formulaciones cada vez más precisas y capaces de soportar pruebas también cada vez más rigurosas.

De esta manera, la ciencia constituye una cantera inagotable de informaciones necesarias para la tecnología y, además, contribuye permanentemente a ampliar sus perspectivas. Pero a partir de ciertos niveles, cuando se entrega, por ejemplo, a la sistematización y análisis teórico de sus esquemas explicativos, sus intereses y procedimientos resultan, al menos en apariencia, inútiles —excepto para sus propios propósitos. La investigación tecnológica, en cambio, no ofrece estos aspectos y, para la generalidad de la gente, es una rama del conocimiento humano que siempre entrega resultados que hasta cierto punto son también fácilmente previsibles. Y sobre esto hay que decir algo más.

No se puede poner en duda la interacción entre la ciencia y la tecnología, pero sería un error pensar que se trata siempre de una relación simple y directa. Conviene tener presente que, aun en los campos más prometedores de la investigación pura, sería insensato querer determinar con exactitud las posibles consecuencias de un descubrimiento en otros campos y sus aplicaciones en la vida práctica. A menudo un hallazgo científico viene solamente a colocarse dentro de una complejísima cadena de desarrollos que, a su vez, contribuyen a otros progresos de un cuerpo de conocimientos en avance cuyos resultados últimos en la vida práctica apenas se pueden prever. O sucede también que se trata del descubrimiento de una ley, de cuya expresión demasiado general resultaría difícil derivar consecuencias prácticas inmediatas y que, sin embargo, tendrá efectos decisivos sobre puntos de vista fundamentales del pensamiento científico, cuya alteración desatará otra cadena de cambios.

Las posibilidades inherentes a un determinado estado de conocimientos son limitadas y los problemas que derivan de esa situación se presentan en una cierta estructura que determina la estrategia a seguir. Es verdad que al científico le quedan siempre opciones, pero no son absolutamente arbitrarias porque la investigación científica no es errática, sino sujeta a exigencias metódicas rigurosas. Esto indica que el avance de la ciencia no le puede ser impuesto al investigador desde fuera —por ejemplo, en atención a criterios políticos o prácticos—, sino que ha de ser elegido por él mismo con toda la libertad que le permitan la situación científica y su desinteresada aspiración al conocimiento de la verdad. De esta manera puede seguir todas las ramificaciones de la investigación —importen o no sus consecuencias prácticas inmediatas— y hacer progresar los conocimientos ya sea descubriendo nuevas fuentes de información, ya sea cerrando vías muertas o destruyendo la pretensión de las falsas teorías.

En este sentido puede decirse que ha sido saludable mantener el concepto tradicional de la ciencia como pura aspiración al conocimiento, frente al error fatal de un criterio estrecho que pretendiera valorar la importancia de un proyecto de investigación con vistas a sus beneficios inmediatos de orden práctico. Lejos de suponer que, en razón de los resultados previsibles, la ciencia debía quedar encadenada a los requerimientos prácticos y ser guiada en su marcha por ellos, parece haberse afirmado la convicción de que tales requerimientos sólo pueden ser satisfechos si el científico trabaja enfrentándose a problemas de principio con la mayor libertad, en investigaciones básicas planeadas sobre la base de las necesidades internas de cada disciplina y con una cierta amplitud de perspectiva —sin perjuicio de la tarea de adaptación propiamente dicha. Porque no es posible separar en el trabajo científico, sin poner en peligro la estabilidad social de la ciencia e impedir sus avances, aquellas investigaciones que de alguna manera se pueden ligar a la solución de problemas técnicos de aquellas otras que por la naturaleza de sus cuestiones solamente pueden tener una repercusión indirecta y a muy largo plazo en la vida práctica.

Pero si esta visión sobre la autonomía de la ciencia y sobre su primacía en el desarrollo —no sólo de la investigación tecnológica—, por lo menos en ciertos círculos, se ha mantenido fuera de disputa, no puede decirse lo mismo de la filosofía. Tratemos de aclarar los motivos de esta diferencia.

IV. CIENCIA Y FILOSOFÍA

A primera vista, puede parecer bastante normal que los hombres de ciencia no investiguen, además de los problemas de su propio campo, la relación que existe entre tales problemas y otros de terrenos colindantes cuyo estudio ha sido reservado tradicionalmente a la filosofía. Como puede parecer normal el hecho de que los filósofos trabajen exclusivamente ciertos problemas centrales dentro de su dominio tradicional y no concedan atención a aquellos que derivan de la marcha de las investigaciones científicas. Cuando en nuestros medios académicos alguien pregunta sobre tal situación, se responde rápidamente que esto sucede así porque la filosofía pertenece al campo de las humanidades y el asunto queda liquidado. Todo el mundo parece estar de acuerdo sobre el alto valor explicativo de esa etiqueta, inclusive quienes se dedican a la investigación científica.

La situación no es exclusiva de México ni de los países hispanoamericanos, aunque aquí pueda darse con matices peculiares. Snow y Philipp Frank, entre otros, han señalado su presencia en contextos más amplios. No podemos detenernos ahora sobre esta lamentable guerra fría entre las ciencias y las humanidades, que no es sino un síntoma del retraso con que los sistemas educativos se modifican en relación con los cambios fundamentales de la cultura. Ahora nos interesa solamente la separación entre ciencia y filosofía.

Por lo pronto tenemos que decir que la situación, señalada al principio de este pasaje, de separación y mutuo desconocimiento de ciencia y filosofía no es precisamente normal. La historia de lo que llamamos civilización occidental da pruebas de una larga tradición de signo contrario: en Grecia, ciencia y filosofía comenzaron por ser sinónimos; en la época medieval la filosofía fue tratada como parte de la ciencia en un sentido amplio de totalidad del saber; el comienzo de la edad moderna no contradice esta orientación y en Descartes se reúnen en un solo conjunto todas las etapas del conocimiento, desde el saber empírico de la vida cotidiana hasta los principios de la metafísica. Hay que llegar realmente hasta el desarrollo de la ciencia moderna para observar cómo se van destruyendo los enlaces al afirmarse la doctrina de una doble verdad, una verdad de la ciencia corroborada por la experiencia frente a una verdad de la filosofía que es inteligible en relación con ciertos principios o creencias de nivel no corroborable. Pero, aún en estos años de distanciamiento, la tradición filosófica en sentido estricto no abandonó su pretensión de ser un conocimiento riguroso y dedicó sus mejores esfuerzos a la reflexión crítica y al escrutinio cuidadoso de sus propios métodos para realizar su viejo ideal de constituirse como ciencia.

En cuanto a la ciencia contemporánea, si nos atenemos a los testimonios de los grandes investigadores del presente —se pueden citar los nombres de Albert Einstein, Niels Bohr, Louis de Broglie, Werner Heisenberg y muchos más— no se descubre ninguna hostilidad hacia la filosofía. Más bien sucede lo contrario, se afirma la interdependencia de la ciencia y la filosofía, se explica la separación como un residuo histórico y se revelan las ventajas de que el investigador se interese en conocer los alcances y los métodos de su disciplina. El propio Einstein ha dicho que su concepción acerca del método científico y aun algunas ideas de la teoría de la relatividad surgieron como resultado de la crítica filosófica de los fundamentos de la física, y ha expresado su deuda frente a la obra de Hume y principalmente de Ernest Mach.

Sin embargo, subsiste en muchos países, desde luego en el nuestro, la práctica de mantener separadas la ciencia y la filosofía, lo mismo en la enseñanza que en la investigación. Habrá que examinar brevemente las razones que los científicos aducen para mantener esta hostilidad hacia la filosofía.

Aunque no se aduce nunca como razón, una de las fuentes de hostilidad hacia la ciencia, ya señalada antes, repite su encono contra la filosofía. Se trata de aquel sentimiento de incompatibilidad entre determinados principios que sirven de base a otras instituciones sociales o simplemente entre convicciones personales de nivel no corroborable y la actitud racionalista y crítica de la filosofía no dispuesta a aceptar ninguna dispensa en el rigor lógico del argumento. Para la filosofía no hay principios ni convencionales ni dogmáticos: la aceptación de cualquier proposición se ha de fundar en un argumento válido, y todo argumento ha de probar su verdad sometiéndose al análisis filosófico.

Esta actitud irracional se opone a veces conjuntamente a la ciencia y a la filosofía, pero en ocasiones va solamente contra esta última. De manera encubierta se aparta de la filosofía y oculta sus temores en un entusiasmo superficial por ciertos resultados de la investigación científica, entregada a un esfuerzo permanente de reinterpretación de estos resultados para ajustarlos a los principios y convicciones no corroborables que se han aceptado sin previa crítica.

El único argumento, por lo demás muy digno de consideración, que se dispara contra la filosofía en forma explícita desde los campos de la investigación científica es el que se refiere a la distracción de la propia tarea: los hombres de ciencia suponen que con la reflexión filosófica abandonan su propia empresa de áreas limitadas y distraen sus energías en cuestiones que no son indispensables para el avance de su disciplina. Nunca se dice que tales estudios no pudieran tener alguna ventaja marginal, una especie de enriquecimiento de intereses culturales, pero se niega con toda firmeza que puedan tener otro efecto sobre la investigación misma que no sea la distracción inútil.

Más adelante diremos algo sobre la situación cultural que ha dado origen entre nosotros a este razonamiento, pero ahora debemos anotar, aunque sea en forma muy esquemática, las razones en favor de los estudios filosóficos por parte de los hombres de ciencia, desde el punto de vista de su propia actividad profesional de investigación.

Es innecesario advertir que estas notas se refieren a la filosofía contemporánea en un sentido bastante preciso y que ponen el acento, como es natural, en aquellas disciplinas filosóficas más cercanas a las tareas de las ciencias. Se podría hablar, en un sentido muy amplio, de estudios de epistemología que, por sus raíces, no significa otra cosa que teoría de la ciencia, y de esta manera abarcar la totalidad de aspectos que plantea el conocimiento científico. Pero también se podría emplear la palabra lógica que, cuando se usa en su acepción más vaga y general, no tiene más limitación que la derivada del alcance de la razón humana y lo mismo se ocupa de explorar los supuestos de la investigación que la estructura de los métodos empleados; de valorar los vínculos que asocian los pensamientos que de poner al descubierto los principios implícitos en la crítica de una teoría; de establecer la validez de postulados y conclusiones como de discutir la adecuación de los instrumentos de la búsqueda. Por ahora no importan mucho estas distinciones: un conjunto de disciplinas filosóficas cuyo avance en los últimos años ha sido notable —epistemología y lógica en sentido estricto, metodología, semántica, etcétera— no se presentan solamente como desarrollos filosóficos que se nutren del trabajo científico, sino como herramientas útiles para este trabajo y parecen aconsejables en la formación del hombre de ciencia.

Todo investigador, esté o no preparado filosóficamente, opera con ciertas ideas sobre su ciencia y sobre sus métodos de investigar y además maneja un conjunto de principios generales y de términos técnicos que pertenecen al contenido de su disciplina. La cuestión está en saber hasta qué punto estas ideas y principios han sido adoptados con plena conciencia en cuanto a las consecuencias que pudieran tener para encaminar la investigación o para valorar cada uno de sus pasos. Como M. Jourdain, el ejemplo clásico de Molière, que hablaba en prosa sin saberlo, muchos investigadores trabajan e incluso hacen descubrimientos apoyados en ciertos supuestos filosóficos y metodológicos cuyo alcance no saben medir. Es evidente que estos conocimientos no agregarían nada a su saber sobre el mundo, porque la filosofía no puede aportar ninguna nueva información, no puede sustituir a la ciencia en el descubrimiento de los hechos, sinplemente añadiría un poco de claridad y precisión sobre conceptos y sobre teorías. La función específica de la filosofía cn este caso sería únicamente la elucidación sistemática de los procedimientos metódicos, del descubrimiento y de la explicación científica, y el análisis crítico de la argumentación que practica la ciencia.

Llevar a cabo esta tarea por parte del investigador científico no puede representar una distracción de su propia empresa ni significa una incursión en una especialidad alejada de la suya. Se trata solamente de la utilización de un instrumental ya elaborado por otras disciplinas, que le hará más fácil el ordenamiento y la evaluación de sus conocimientos y el dominio de sus métodos de trabajo. Sobre este punto y sobre algunas razones adicionales han insistido mucho los filósofos de la ciencia —Frank, Whitrow, Popper, Ayer, Bunge, por ejemplo. Debemos recordar estas razones.

Ordenar las ideas sistemáticamente y depurar con rigor el lenguaje que se emplea, definiendo términos y símbolos de manera precisa, ya es por sí mismo un avance en el conocimiento, pero además es el mejor camino para afinar los hábitos de crítica y prevenir de todo dogmatismo, mejorando los enfoques científicos de un problema. Desde el punto de vista intelectual representa un enriquecimiento el poder descubrir con precisión las relaciones lógicas y las diversas posibilidades de interpretación, esto permitirá planear mejor los experimentos y los cálculos, explicitar más claramente los supuestos y extremar las exigencias de verificación, en una palabra, perfeccionar la estrategia de la investigación.

Nada más adecuado, por otra parte, como estímulo para que el hombre de ciencia explore nuevos territorios. Pero, nueva advertencia, no en el sentido de distraerse de su especialidad sino en el de prolongarla hasta los límites exigibles por esta misma, es decir, hasta poner de manifiesto que la especialidad es algo más que el estudio cerrado de una sola clase de objeto, es la posibilidad de descubrir a partir de esos mismos objetos los campos interdisciplinarios y los diversos niveles de profundidad que permiten ver la unidad fundamental de las ciencias desde el punto de vista metódico. En el estudio de los problemas que plantea la reflexión filosófica sobre el trabajo científico se ponen de manifiesto las características y las tendencias de la ciencia en su conjunto y, por supuesto, las relaciones de cada una de las ciencias particulares entre sí.

Cuando el investigador especializado se habitúa a considerar que la disciplina en que trabaja tiene una estructura lógica y opera sobre una serie de supuestos que la ponen en conexión con la unidad total del saber, está en mejores condiciones para precisar el estado actual de las investigaciones en su ciencia y para obtener frutos del estudio de su evolución histórica. Una visión del futuro de una disciplina es inseparable de una cierta perspectiva de su pasado. Y el respeto por las grandes doctrinas clásicas que no sea aceptación y reverencia sino actitud comprensiva y crítica, acompañada de una visión del avance de la ciencia no como una mera acumulación de verdades definitivas, sino como descubrimiento de nuevos hechos y nuevos problemas cada vez más generales, es el mejor estímulo de la investigación verdaderamente original.

Todavía queda un punto importante que debe ser destacado en conexión con todo esto. Hemos dicho antes que toda especialidad científica cumple una función social y que la actividad racional y crítica de la ciencia no concluye con la ampliación de nuestros conocimientos sobre la realidad natural y con el dominio técnico de las energías que esta realidad encierra, sino que debe ser prolongada hasta la comprensión de las consecuencias sociales de aquellos conocimientos y técnicas. La sociología de la ciencia es una disciplina que requiere la participación de expertos de varios campos y la responsabilidad moral del investigador científico lo obliga a colaborar en esta tarea interdisciplinaria precisamente en tanto que especialista de su propia ciencia. Mas para esta colaboración se requiere también una visión comprensiva de la propia especialidad que sólo se logra con la reflexión filosófica y el estudio de la historia de la ciencia.

Finalmente, cabe decir que el estudio filosófico de la ciencia y el conocimiento de los grandes clásicos de la investigación constituyen la mejor propedéutica para que un hombre de ciencia domine las técnicas de la exposición. Dejando a un lado las cuestiones de mero estilo o de corrección gramatical, se trata de comunicar claramente las ideas, de saber expresar los supuestos y presentar los argumentos con todos sus pasos indispensables.

Después de lo dicho, parece difícil sostener que el estudio de las disciplinas filosóficas a que hemos hecho mención distraen al hombre de ciencia de su trabajo especializado, o que no contribuyen al progreso de la investigación. Con toda intención hemos permanecido dentro de los límites marcados por este único argumento digno de consideración que se esgrime contra la filosofía desde los campos de la investigación científica, sin acudir en ningún momento a señalar, por ejemplo, los beneficios que el científico podría obtener del estudio de la filosofía en tanto que hombre educado. Éste es un aspecto que se refiere a otros lugares comunes igualmente negativos que deben ser abandonados, pero que por lo pronto no hemos de tocar. Ahora habrá que explicar qué idea de la filosofía hizo posible que surgiera —y permite que se mantenga todavía con cierto vigor— esta situación de separación entre ciencia y filosofía que hemos rechazado.

V. FILOSOFÍA Y SOCIEDAD

Será mucho más fácil ilustrar las afirmaciones que siguen si tomamos como punto de partida algunos ejemplos de nuestro pasado inmediato. Se trata de meras alusiones que suponen el conocimiento de la historia de las ideas en México en los últimos años, por lo menos en sus aspectos de mayor éxito social, y que al señalar algunos rasgos característicos de orden muy general no pretenden presentarse como un resumen de aquella historia.

Cuando Antonio Caso y sus compañeros de generación emprendieron la polémica contra el positivismo que había dominado la vida intelectual de México durante los últimos años del siglo XIX y los primeros del XX, buscaron puntos de apoyo en una tradición que en Francia había mantenido un combate paralelo: el espiritualismo. La filosofía de la ciencia de Émile Boutroux, que guarda estrecha relación con aquella doctrina de la doble verdad que contribuyó a la separación de la ciencia y la filosofía desde el siglo XVIII, es una pieza decisiva en la evolución histórica de las ideas contemporáneas en México. Ante el avance de la ciencia, Boutroux previene a la filosofía de la imprudencia que puede cometer si se atreve a pisar los mismos terrenos y le aconseja guardar un *status* especial, cuyas características vale la pena recordar.

La razón teórica —que según Boutroux mueve a la ciencia— no puede captar la realidad de las cosas, se contenta con sustituir al verdadero ser por símbolos que expresan sólo algunos de sus aspectos y esto la condena a conocer solamente lo particular y lo contingente. La filosofía, desde una región más elevada, capta la realidad del ser. Guiada por la idea de la totalidad, por el sistema de todos los seres y de la armonía universal, la filosofía no se apoya únicamente en los principios de la razón teórica sino que requiere también de la voluntad, de la actividad práctica que tiene sus propios principios. Este doble apoyo da a la filosofía un lugar intermedio entre la ciencia, por una parte, y el arte y la religión, por la otra, que son las creaciones de la actividad práctica. Implica así la filosofía elementos científicos y a la vez elementos artísticos y religiosos, como una combinación de lo racional y de lo misterioso.

Esta concepción explicaría, según Boutroux, la incoherencia de la historia de la filosofía, su progreso discontinuo e irregular que mantiene siempre los problemas eternos y vuelve a las mismas soluciones tradicionales. Como el artista, cada filósofo recomienza su obra: elige sus predecesores tomando en cuenta el genio del autor más que el contenido de su doctrina, construye su sistema de un solo golpe y lo ofrece como una concepción personal del mundo, en cierto sentido intrasmisible. No tiene la filosofía que preocuparse por constituirse como ciencia, porque no responde sólo a una necesidad científica sino también a una facultad del alma igualmente noble que es la actividad práctica. Y con este doble carácter, científico y artístico, asegura su puesto de honor entre las creaciones del espíritu humano y, desde allí, decide sobre el valor y la significación de todo conocimiento científico.

Las tesis de Boutroux, divulgadas por Antonio Caso en traducciones y en ensayos polémicos, iniciaron al fin del movimiento positivista una etapa de la historia de las ideas en México que apenas está llegando a su fin. El nombre de Boutroux quedó olvidado pocos años después, pero sus tesis permanecieron como ideales filosóficos. Esto permite comprender muy bien que aquella disputa entre la filosofía y las ciencias particulares se fuera convirtiendo poco a poco en una completa indiferencia por parte de ambas y, salvo el ejemplo de excepción que se presentó en la ciencia del derecho, probablemente por la influencia de Kelsen, ni en la generación de Caso ni en las que le siguieron surgió oportunidad de aproximación mutua. Los sistemas personales, las concepciones del mundo que quieren ocupar el lugar de la religión y de la sabiduría de la vida encontraron entre nosotros amplia difusión, y su acercamiento a ciertas disciplinas particulares como la historia o la sociología fue posible exclusivamente a través de las ideas de Ortega y Gasset y del moderno irracionalismo representado en algunos aspectos por la filosofía de la existencia. El estudio de la fenomenología merece ser destacado porque dio origen a importantes investigaciones sobre la expresión y el lenguaje filosófico, aunque no precisamente al análisis lógico del lenguaje científico, y condujo también a discusiones de ontología y a concepciones metafísicas de carácter personal. El historicismo se presentó entre nosotros como historicismo personalista. Inclusive el marxismo ha sido defendido ante todo como una concepción del mundo.

Todavía en 1955, el discurso de Samuel Ramos en la inauguración de los trabajos del Seminario de Problemas Científicos y Filosóficos en la Universidad Nacional presentaba la importancia del problema de las relaciones entre ciencia y filosofía fundándola en la necesidad de alcanzar una visión coherente del mundo. Y, por otra parte, renunciaba Ramos expresamente a pedir a los hombres de ciencia que se distrajeran de sus labores de investigación especializada para ocuparse de problemas filosóficos —a menos que se diera en ellos una necesidad intelectual de índole especial que los obligara a este tipo de reflexiones.

Pero la filosofía contemporánea ha dado pruebas de que la aproximación entre ciencia y filosofía debe cumplirse por otros caminos. En los países de más alto desarrollo industrial han surgido movimientos filosóficos que no se hallan en lucha con la ciencia, por el contrario, las conclusiones y los métodos de la ciencia son los aliados más firmes de esta filosofía que ha renunciado a presentarse como concepción del mundo, que no se considera a sí misma como una forma de conocimiento superior al saber científico y que trabaja sobre cuestiones muy precisas en el campo de la filosofía conquistándolo paso a paso como lo hace en la ciencia cualquier investigador. Uno de los aspectos de este cambio ha consistido en recobrar la línea más vigorosa de la tradición de la filosofía occidental a propósito de las relaciones entre ciencia y filosofía. De manera que puede hablarse no tanto de una reconciliación como del restablecimiento de una verdadera interdependencia. Por el lado de la filosofía, es preciso reconocer que los auténticos problemas surgen en un contexto extrafilosófico, constituido en grande proporción por la práctica de la investigación científica. La filosofía trabaja sobre el lenguaje de la vida moral y de la política, pero también sobre el lenguaje y la estructura conceptual de las doctrinas científicas, en un intento de clarificar estas estructuras y de dar cuenta teórica de ellas. No sería posible comprender el alcance de las cuestiones filosóficas ni las teorías de los filósofos desligadas de aquel contexto en que hincan sus raíces: cortadas las raíces, el esfuerzo filosófico pierde autenticidad y deviene simple ejercicio metodológico sobre falsos problemas.

Lo que llamamos un problema filosófico típico surge de una dificultad que ya no puede ser superada con nueva información, sino que es necesario resolver mediante un examen de orden secundario que va directamente sobre la forma en que expresamos los hechos de la ciencia. Para ilustrar esta situación nada mejor que recordar el ejemplo de Waismann a propósito del análisis de la simultaneidad llevado a cabo por Einstein. La física clásica había desembocado en una dificultad insuperable al tratar de determinar si dos acontecimientos eran o no simultáneos, cuando sucedían en lugares muy alejados. No sólo era necesario tomar en cuenta la velocidad de la luz para el caso de observar desde la Tierra, por ejemplo, un acontecimiento en el planeta Sirio, porque el sistema no está en reposo. Era necesario considerar además la magnitud y la dirección del movimiento del sistema, porque estas condiciones pueden retrasar o adelantar la llegada de la luz. Pero, por otra parte, estaba plenamente demostrado con experimentos que este movimiento no podía determinarse; en consecuencia, tampoco era posible determinar la simultaneidad de los dos acontecimientos. Lo que hizo Einstein fue abandonar el planteamiento primario, dejando a un lado la pregunta sobre si eran o no simultáneos los dos acontecimientos, para preguntar por lo que queremos decir exactamente cuando decimos que dos acontecimientos son simultáneos. A esta segunda cuestión respondió Einstein diciendo que la palabra simultáneo sólo tiene un significado claro cuando se aplica a sucesos que acontecen más o menos en el mismo lugar. Pero que no se puede usar para referirse a acontecimientos en lugares distintos a menos que se establezca lo que ha de significar en este nuevo contexto.

La respuesta de Einstein no puso al descubierto hechos que hasta entonces no fueran conocidos, ni sugirió una hipótesis nueva para explicar mejor los hechos que dieron origen a la dificultad. La cuestión había llegado a un punto en que los procedimientos de la ciencia no tenían nada que aportar; lo que hizo Einstein fue retroceder del problema primario que planteaban los hechos y que permanecía como un residuo inatacable, a la cuestión del significado de un concepto. Y al hacer el análisis del concepto de simultaneidad eliminó las dificultades de la física clásica.

Consideraciones de esta clase, sobre el carácter residual y secundario de un problema filosófico típico, son decisivas para la actividad filosófica. La vida filosófica contemporánea presenta ciertas características que no se daban en nuestro pasado inmediato y que afectan a cuestiones de principio en el planteamiento de los problemas.

En primer lugar, el rigor creciente en la investigación de las ciencias particulares ha obligado a que también la filosofía se exija a sí misma una mayor precisión en el aparato conceptual y en la argumentación, sacrificando deliberadamente la amenidad y la belleza literaria al rigor del análisis y al empleo de los procedimientos lógicos más eficaces.

En segundo lugar, la filosofía contemporánea se ha empeñado en un conjunto de problemas surgidos en estrecho contacto con la investigación científica y manifiesta un interés creciente por su metodología. El hincapié en esta problemática es también un reflejo normal del progreso de la investigación científica y del lugar central que la ciencia ha venido a ocupar dentro de la cultura toda de las sociedades industriales, tanto como consecuencia de la llamada preformación científica de la vida, como por la importancia adquirida por sus estructuras culturales, sobre todo en los sistemas educativos.

Finalmente, se puede señalar como un rasgo notable de la filosofía contemporánea, en contraste con algunas posturas tradicionales, su actividad investigadora que sabe limitar el impulso natural de una visión íntegra y armoniosa de la totalidad del universo, y sabe disciplinar sus puntos de vista a la colaboración y al desarrollo de un saber filosófico objetivo que busca resultados parciales, que procede por aproximaciones sucesivas, siempre provisionales y sujetas al examen de criterios cada vez más rigurosos.

La conciencia contemporánea ha realizado en forma definitiva la separación de dos funciones de la vida intelectual que pueden permanecer próximas pero que ya no pueden ser mezcladas: la ciencia y la concepción del mundo. Las filosofías del pasado, mezcla de actividad racional y de convicciones prácticas, pretendieron ser ambas cosas, en la medida en que sus creadores ofrecían una doctrina con significado teorético y al mismo tiempo emocional.

Como la ciencia, que ha renunciado a diseñar de un golpe el sistema entero de la naturaleza o de la sociedad humana, la filosofía de nuestro tiempo, en la medida en que pretende ser conocimiento riguroso, ha renunciado a ofrecer conocimientos últimos sobre la naturaleza del universo y profecías sobre el destino del hombre. Su tarea, según hemos dicho antes, no es descubrir hechos ni proporcionar nueva información, sino reflexionar sobre los hechos conocidos y sobre los enunciados de la ciencia, sobre sus procedimientos y supuestos, sobre el alcance de sus teorías, elaborando teorías de segundo grado. Tareas paralelas aunque diferentes debe cumplir la filosofía en relación con otras zonas de la cultura —la religión, la moral, el arte—, pero no son asuntos en que ahora podamos detenernos.

Volvamos a la relación con la ciencia. Precisamente porque la filosofía ha tomado sobre sus hombros la tarea que hemos dicho y ha abandonado otras tradicionales, es tan útil para el avance de la investigación científica. Lo que no quiere decir que en su totalidad sea deliberamente elaborada con el propósito de servir a la ciencia, sino que simplemente es indispensable para el progreso de ésta en la medida en que es rigurosamente filosofía.

No podría decirse cosa parecida de una concepción del mundo. Una concepción del mundo no es un saber, no es conocimiento riguroso en el sentido en que lo son la ciencia y la filosofía cuyos esquemas explicativos pueden ser verificados de alguna manera. Es simplemente un conjunto de principios, más o menos enlazados en forma de sistema y no siempre formulados explícitamente, que dan razón de la conducta de un individuo o de una comunidad entera. Puede ser que en algunos puntos una concepción del mundo encuentre apoyo en conocimientos científicos, pero esto no es absolutamente indispensable, lo que se requiere es la adhesión emocional y asimismo, en cierto modo, el apoyo de ciertos hábitos y de actitudes fundadas en la experiencia vivida que, en última instancia, pertenecen a la comunidad cultural y a la época.

Ahora bien, cuando este conjunto de motivos culturales de una época busca una cierta formulación conceptual y es objeto de una elaboración especulativa, suele desembocar en un sistema filosófico y pretende ser considerado como verdadero conocimiento. Hay muchos ejemplos de estos sistemas en la tradición occidental, pero muy especialmente parecen haber florecido en el siglo XIX.

Al cambiar el horizonte de la experiencia humana —con el avance de la ciencia, las transformaciones sociales o el desarrollo de las formas artísticas—, las concepciones especulativas, en un intento de sobrevivir, procuran incorporar toda nueva forma de cultura. Pero su misma estructura sistemática les impide ser permeables a nuevas experiencias, y en este esfuerzo sin frutos las visiones del mundo y sus sistemas en vez de transformarse se derrumban. Este acontecer es lo que el historicismo explica como un proceso discontinuo de sustitución de los sistemas filosóficos.

La incapacidad para renovarse que presentan los sistemas especulativos en que culminaron las concepciones del mundo es algo que les pertenece de manera esencial. En páginas anteriores hemos indicado que todo conocimiento de nivel científico se caracteriza formalmente porque sus enunciados tienen una validez objetiva, independientemente de los individuos y de los grupos: intersubjetividad significa aceptación de criterios impersonales de verificación y, en consecuencia, un inevitable sometimiento a la disciplina racional y a la neutralidad afectiva. Pero los principios cuyo enlace más o menos sistemático constituye una concepción del mundo carecen en absoluto de estas características. De ahí que se pronuncien tan fácilmente sobre cuestiones que no son solubles mediante los métodos del conocimiento científico o que defiendan puntos de vista no científicos sobre problemas empíricos, alegando que mediante procedimientos peculiares pueden penetrar a mayores niveles de profundidad que la ciencia —e inclusive que sostengan la imposibilidad de comunicar sus hallazgos. Se comprende entonces, de una manera general, que una filosofía de la concepción del mundo, en virtud del carácter hasta cierto punto cerrado de su estructura sistemática, sea poco permeable a la experiencia y muy fácilmente asociable a ciertas actitudes irracionales y dogmáticas, que no solamente dan escaso valor al trabajo científico sino que pueden estorbar su desarrollo en el momento en que caen en sospecha de que los resultados objetivos de la investigación contradicen algún aspecto del sistema.

En cambio, la ciencia —y por supuesto la filosofía que trabaja al nivel de la ciencia— no pretende llegar a verdades definitivas. Todo lo que la ciencia puede ofrecer, por ejemplo en la investigación empírica, son enunciados corroborados por la experiencia, corroborados con mayor o menor rigor pero expuestos siempre a nuevas pruebas. Algo semejante sucede en las disciplinas formales que corrigen y remplazan sus postulados; y en la filosofía misma, susceptible de perfeccionar sus procedimientos de descripción y de análisis y, en consecuencia, imposibilitada de convertir sus hallazgos en verdades últimas o en principios dogmáticos. Ni aun en el sentido más estricto de metodología, la filosofía de la ciencia podría tener pretensiones normativas sobre la marcha de la investigación: podrá cuando más indicar qué procedimientos aumentan las probabilidades de obtener resultados fecundos o señalar otros que hacen más fácil el descubrimiento de errores, pero de ninguna manera afirmar, por ejemplo, que con ciertas reglas o tácticas se garantiza la obtención de la verdad. El predominio de los métodos, de los procedimientos de someter a prueba los enunciados, sobre cualquier tesis científica de carácter específico garantiza la estructura siempre provisional y controvertible de la ciencia. Con verdades fragmentarias y provisionales no hay manera de organizar un sistema cerrado de verdades absolutas, sino un cuerpo abierto de conocimientos en espera de rectificaciones y permeable a toda nueva información. Todo resultado exige una investigación ulterior y un solo dato puede refutar una teoría ampliamente corroborada. El requisito de la verificabilidad de los enunciados asegura el progreso científico.

La historia de la ciencia muestra que las teorías científicas se corrigen sin cesar y se descartan cuando aparecen explicaciones más rigurosas. Este proceso permanentemente abierto de autocorrección corresponde a una sociedad también en permanente crecimiento y constante cambio social. El desarrollo de la ciencia y la tecnología en las sociedades industriales ha contribuido de modo decisivo al surgimiento de una actitud filosófica cuyos rasgos más notables hemos tratado de registrar al comienzo de este parágrafo. Y, recíprocamente, la filosofía contemporánea nacida de esta actitud, que ha abandonado las formas de pensamiento características del siglo XIX, es excepcionalmente favorable a la constitución y al desarrollo de la sociedad industrial. Por la cooperación que puede prestar a los avances mismos de la investigación científica, según apuntamos más arriba; pero también porque permite eliminar una serie de obstáculos intelectuales que, como ya vimos, favorecen actitudes irracionales que mantienen un ambiente de hostilidad hacia la ciencia y, finalmente, porque contribuye de una manera fundamental, por encima de cualquier otra disciplina, a fortalecer un ambiente de cultura que valora muy altamente la racionalidad científica y el progreso social.

Es difícil mostrar, sobre todo a quien no tiene experiencia directa de la investigación científica en un sentido creador, el valor de esta colaboración que puede prestar la reflexión filosófica. Mucho más difícil todavía convencer de que, aunque en forma meditada y a muy largo plazo, los progresos filosóficos participan de ciertas tareas fundamentales que están en la base misma de las sociedades en desarrollo. El mérito de un trabajo filosófico es siempre difícil de estimar y sus consecuencias teóricas no pueden llegar a tener el carácter espectacular que a veces alcanza la aplicación de un descubrimiento científico.

Sin embargo, el fortalecimiento de la capacidad de investigación filosófica en una sociedad en desarrollo parece recomendable por los motivos que se han expuesto y, además, por otros que no cabe tocar aquí y que se relacionan con el poder crítico de la filosofía para enjuiciar los supuestos y las consecuencias implícitas en los ideales morales de una comunidad, que debe pesar cuidadosamente las razones que hacen más o menos plausible la orientación humanista y de justicia de una sociedad en desarrollo. De esta función crítica de la filosofía nos ocuparemos en el ensayo final de este libro.

VI. EL FORTALECIMIENTO DE LA INVESTIGACIÓN FILOSÓFICA

Durante los últimos sesenta años han dominado la vida académica de México algunas de las corrientes filosóficas menos favorables al desarrollo de la investigación científica, no sólo por sus métodos peculiares, sino sobre todo por su temática, muy alejada de los problemas filosóficos que surgen de la marcha de la ciencia. No insistiremos sobre las breves alusiones hechas más arriba. Lo que interesa es llamar la atención sobre la inminencia de un cambio en la orientación de los estudios filosóficos y sobre la manera de acelerarlo.

Existen ahora ciertas condiciones que no se daban tan claramente hace algunos años, y estas condiciones hacen posible el fortalecimiento de la investigación filosófica en aquellos campos cercanos al trabajo de las ciencias que son las que interesan en este ensayo. Desde luego, el estudio de la lógica moderna y el de las corrientes filosóficas contemporáneas que mantienen un nivel científico se ha convertido en el punto de mayor atracción para los grupos más distinguidos de las nuevas promociones surgidas en nuestras escuelas de filosofía. Se trata de un esfuerzo inicial, que no por modesto carece de importancia y que de alguna manera se puede interpretar como respuesta al estímulo derivado del trabajo de los científicos mexicanos que en los últimos años han logrado triunfos de cierta resonancia en sus disciplinas particulares.

A este cambio de actitud en las nuevas generaciones filosóficas no son ajenas, por supuesto, las publicaciones del Seminario de Problemas Científicos y Filosóficos y del Centro de Estudios Filosóficos, ahora Instituto de Investigaciones Filosóficas, de la Universidad Nacional. Ambas series de publicaciones han contribuido a crear un clima propicio para la colaboración de científicos y filósofos.

La necesidad de esta colaboración se ha hecho patente también a niveles institucionales. En 1962 la Universidad veracruzana estableció la Escuela de Física y Matemáticas dentro de la Facultad de Filosofía, Letras y Ciencias, poniendo en práctica, acaso en forma prematura, las carreras mixtas que conducían al estudiante a una formación filosófica, simultáneamente a su preparación en otra disciplina científica. La reforma que la Universidad Nacional puso en práctica el año de 1967 para la Facultad de Filosofía y Letras se encuentra en la misma línea al diversificar la formación del estudiante en varios campos de trabajo filosófico bien delimitados —lógica y epistemología; historia de la filosofía; estética e historia del arte; ética y filosofía de las ciencias sociales—, que obligan al alumno a ligar su preparación filosófica con una determinada área de conocimientos científicos particulares.

Ni las escuelas ni los institutos de ciencias ni los institutos tecnológicos han dado pruebas todavía de abrir su atención a los problemas filosóficos. Lo que significa que mantienen aquella idea de la filosofía heredada del siglo XIX, que gobernó nuestra vida intelectual hasta fechas recientes. Pero este rechazo que en otro tiempo pareció normal empieza a verse extraño y falto de justificación.

A pesar de las condiciones favorables, el desarrollo de los estudios filosóficos tropieza en México con serios obstáculos. Aunque la filosofía no exige disponer de instalaciones especiales ni de equipos costosos —salvo la existencia de buenas bibliotecas—, reclama como cualquier ciencia su institucionalización como parte de la estructura social en organismos que garanticen la libre investigación. Además, el progreso de la investigación filosófica exige, tal vez de una manera más acentuada que la ciencia, un conjunto de requisitos culturales bajo la forma de un estado adecuado de conocimientos, que a su vez se apoye en una tradición cultural de base más amplia. Y los avances serán más seguros mientras más fácil y directa sea la vinculación de la filosofía con la marcha de las ciencias y mientras mejor se cultive la línea más viva y más rigurosa de la propia tradición intelectual.

Las recomendaciones que pueden hacerse en relación con el fortalecimiento de la enseñanza y de la investigación filosófica pueden agruparse en torno a tres cuestiones que en verdad son inseparables: las que se refieren propiamente a los organismos que participan en la investigación; las que se refieren a la docencia en cuanto preparación del personal para incrementar y mantener aquellos organismos, y las acciones aisladas que vendrían a reforzar momentáneamente las tareas anteriores y sus actividades de difusión.

Si nos atenemos al volumen de las publicaciones y al número de personas dedicadas íntegramente a la tarea, podemos decir que en México la investigación filosófica se lleva a cabo casi exclusivamente en dos instituciones: el Instituto de Investigaciones Filosóficas y la Facultad de Filosofía y Letras de la Universidad Nacional. Pueden citarse también otras facultades de la misma Universidad, la de Derecho y la de Ciencias Políticas que trabajan en el campo de la filosofía sus respectivas áreas especializadas, y un par de universidades de provincia que en los últimos años mostraron cierta actividad, Jalapa y Monterrey. Pero existen además El Colegio de México y el Centro de Investigaciones y Estudios Avanzados del Instituto Politécnico Nacional, en que se hace investigación filosófica a pesar de que no poseen departamentos ni escuelas o cátedras de la especialidad. Funcionan en el país otras escuelas o departamentos en que se enseña la filosofía a nivel superior —en instituciones privadas, en escuelas normales superiores, en universidades de provincia—, pero a juzgar por las publicaciones no se hace en ellas investigación.

Frente a este panorama verdaderamente desolador, lo primero que se ocurre como medida aconsejable es la creación de nuevos centros que aumenten la densidad y la potencialidad de la actividad filosófica. A largo plazo ésta puede ser una medida indispensable para mantener una relación de equilibrio entre la investigación filosófica y el desarrollo de las ciencias, que además de tener repercusiones favorables en los diversos niveles de la enseñanza superior hará posible la participación de nuestro país en la vida filosófica internacional. Sin embargo, el primer paso debería ser el fortalecimiento de las estructuras existentes, mejorando cuanto sea posible los niveles del trabajo académico en aquellos sitios en que ya está funcionando aunque sea con un mínimo de eficacia.

Tratándose de crear nuevos centros, la localización es en verdad un punto decisivo. Nuevas cátedras o nuevos departamentos deben abrirse solamente en aquellas instituciones de alto nivel que pueden ofrecer puntos de apoyo en la enseñanza y en la investigación científica. Las escuelas y los institutos de ciencias, los institutos tecnológicos y el propio Colegio de México serían los lugares adecuados para el establecimiento, en cada caso de acuerdo con las condiciones propias, por ejemplo de cátedras o departamentos de lógica, epistemología o filosofía de las ciencias sociales. Una mayor agilidad en la estructura de los planes de estudio de las facultades de ciencias, que permitiera más fácilmente el acercamiento a las facultades de filosofía por parte de los alumnos —de modo parecido a la reciente reforma en la Facultad de Filosofía—, sería para todos de inestimable valor.

Pero todo lo anterior supone el problema de la preparación de investigadores y maestros de alto nivel, que se encargue de incrementar las labores actuales, es decir, no sólo de mantener la organización sino de preparar a los sucesores y a los fundadores de otros centros.

Entre nosotros, la preparación de un maestro productivo o de un investigador en filosofía requiere más años de lo que normalmente se supone. Las experiencias más recientes permiten afirmar que, después del paso por la facultad que lleva al grado de licenciado en unos cuatro años, son indispensables los cursos y seminarios de posgraduado, bajo la guía de un buen maestro que sepa ayudar en la investigación y en la práctica docente a nivel de facultad, tareas que en conjunto pueden llevar otros dos o tres años. Y después de esto todavía resulta aconsejable hacer estudios en alguna universidad extranjera que, cuando incluyen la obtención de un doctorado, suelen durar otros cuatro años. Esto no excluye, desde luego, la excepción a la regla del estudiante a medias autodidacta que en determinadas condiciones pueda saltar alguna de las etapas. Pero, de todas maneras, contribuye a explicar que en una actividad tan falta de estímulos como es la docencia o la investigación en filosofía el número de los que alcanzan la meta señalada es verdaderamente escaso.

Sin entrar a otro tipo de problemas, que están en espera de un estudio detenido, como los porcentajes de deserción en los primeros años de la carrera de filosofía, o el alto grado de desorientación que manifiestan en esta materia los egresados del bachillerato, es indiscutible que un plan de becas adecuado, es decir, orientado generosamente a campos tradicionalmente desatendidos como la filosofía, puede ser decisivo para la formación de nuevos profesores. Parece inevitable aceptar los riesgos de deserción que comporta una preparación tan larga en una actividad que durante tanto tiempo ha carecido de todo estímulo.

Es necesario advertir, sin embargo, que en este tipo de recomendaciones no consideramos los problemas complejos que afectan a la enseñanza superior en todas sus especialidades, si se la contempla en escala nacional. Baste declarar solamente que los programas de becas para preparación de profesores, como todas las disposiciones relativas a la docencia —designación, promoción, escalafón académico, etcétera— permanecen como soluciones parciales mientras no puedan operar a nivel nacional y dar protección al profesorado de carrera de todas las instituciones de enseñanza superior, sobre la base de convenios interuniversitarios que permitan la movilidad de los profesores e investigadores y el cambio de una a otra institución sin perjuicio de sus antecedentes y sus derechos académicos.

Finalmente, debemos decir que también es útil toda acción aislada y a corto plazo que se proponga simplemente reforzar las investigaciones filosóficas o la difusión de sus resultados mediante la edición de libros y revistas especializadas. El incremento de las bibliotecas y su funcionamiento eficaz. La invitación sistemática a profesores extranjeros para enseñar y colaborar en los trabajos de los organismos nacionales, y también la importación de investigadores extranjeros altamente calificados que estén dispuestos a residir entre nosotros un tiempo largo o a permanecer en forma definitiva. Las becas y las bolsas de viaje para los investigadores ya formados; los subsidios para proyectos concretos individuales o de grupo, y el fomento a toda tarea interdisciplinaria y a todo encuentro de profesores de filosofía con especialistas en otros campos. En una palabra, el estímulo a todo intento serio por dar a la filosofía el nivel de profesionalismo que requiere el desarrollo de las ciencias en nuestro país, y el sentido de actualidad que permita a los profesores mexicanos participar en la actividad filosófica internacional y colaborar en el avance de los conocimientos.

La filosofía y las actitudes morales

What is conventionally called 'philosophy' consists of two very different elements. On the one hand, there are questions which are scientific or logical; these are amenable to methods as to which there is general agreement. On the other hand, there are questions of passionate interest to large numbers of people, as to which there is no solid evidence either way. Among the latter are practical questions as to which it is impossible to remain aloof.

BERTRAND RUSSELL: *History of Western Philosophy,* 1946, cap. XXVII.

1

Podemos usar el término filosofía en varios sentidos, pero voy a considerar solamente dos fundamentales. En su acepción más amplia, la palabra filosofía alude a ciertas representaciones o doctrinas que pretenden expresar la estructura del mundo por medio de una conexión más o menos coherente de conceptos o simplemente de imágenes. En estos intentos, el filósofo trata de comprender a un tiempo el destino de sí mismo y el sentido del mundo, por eso presenta entrelazadas sus ideas sobre la estructura última de la realidad con principios de valor y con ideales morales que dan razón de la conducta de un individuo o de una comunidad entera. De esta manera, puede decirse que todo hombre realiza su vida a partir de una imagen del mundo —por muy pobre o rudimentaria que ésta sea. Igualmente puede decirse que los principios y los ideales que este hombre adopta son insaparables de sus actitudes morales e integran un todo orgánico con sus creencias, a veces también con sus argumentos y con la información de que dispone acerca de la realidad. La filosofía, en este sentido amplio de la palabra, forma parte de la personalidad como una atmósfera indispensable para entender la vida psicológica y moral de los individuos; es también una manifestación cultural ligada estrechamente a la circunstancia histórica y, por lo tanto, necesaria para entender el desarrollo de determinadas comunidades humanas, inclusive de naciones enteras. Precisamente en los resultados de tal actividad pensaba Dilthey cuando proponía una teoría de las concepciones del mundo para exponer el curso histórico de la religiosidad, de la poesía y de la metafísica, con el objeto de esclarecer la relación del espíritu humano con el enigma del mundo, en oposición a todo relativismo. El poder de atracción de estas concepciones reside, como vio muy bien el propio Dilthey, en que al reunir conocimientos del mundo, estimaciones de la vida y principios de acción pueden proporcionar a la personalidad la unidad interna que requieren sus diversas actividades. Y ofrecen además la expectativa de un desarrollo consecuente al abarcar la multiplicidad de la vida a partir de uno de nuestros modos de actitud.

En este sentido lato, el término no excluye ninguna de las escuelas o corrientes filosóficas del pasado, ni siquiera las concepciones míticas —en cierta medida prefilosóficas— del mundo. Así considerada, la filosofía no constituye un género único ni puede definirse por sus métodos de trabajo o por ocuparse de un campo de problemas bien determinado. En lo que hace a los métodos, acepta la mayor variedad de procedimientos que cabe imaginar, inclusive la apelación a puntos de vista sobrenaturales o la pretensión de alcanzar verdades más allá de toda crítica racional. En lo que hace a sus problemas, la filosofía, que parece abarcarlo todo, apenas puede dejar fuera de sus dominios ciertas cuestiones meramente dogmáticas de la teología y, por supuesto, las investigaciones empíricas o formales de las ciencias especializadas bien delimitadas. Una historia de la filosofía entendida de esta manera permitiría colocar al lado de los grandes clásicos de la disciplina sendos capítulos dedicados, por ejemplo, a Dante o a Byron, a Leonardo o a Nietzsche, a Copérnico o a Einstein. Y tal historia de la filosofía puede ser escrita atendiéndose no tanto a las doctrinas como a las personalidades filosóficas, es decir, a los hombres que aparecen solidariamente ligados por una búsqueda común —éste es el caso de la historia publicada por N. Abbagnano. O también puede escribirse poniendo el acento en las circunstancias sociales y políticas en que surgieron las doctrinas —como la historia de la filosofía occidental publicada por B. Russell. Y presentarse, como en el hermoso libro de Santayana, *resumen de toda la filosofía europea*, en la figura de tres poetas filósofos: Lucrecio, Dante y Goethe. En todo caso, es en este contexto en donde adquiere pleno valor el apotegma que Fichte escribió en su *Primera introducción a la teoría de la ciencia*: "Qué clase de filosofía se elige, depende de qué clase de hombre se es; pues un sistema filosófico no es como un ajuar muerto que se puede dejar o tomar según nos plazca, sino que está animado por el alma del hombre que lo tiene".

Pero también usamos el término filosofía en un sentido más estricto para referirnos a una determinada empresa intelectual, analítica y teórica, que, dominada por una energía propiamente científica, se enfrenta a problemas de diversa índole —por ejemplo, lógicos, semánticos, epistemológicos—, haciendo uso de ciertos métodos sobre los cuales, como ha dicho Russell en el texto del epígrafe, hay un acuerdo general. Otros idiomas cuentan con términos específicos para mantener la distinción: así el alemán, que utiliza la palabra *Weltanschauung* para designar lo que nosotros tratamos como filosofía en su sentido amplio. *Weltanschauung* ha venido a sustituir la tradicional *Weltweisheit*, limitada al conocimiento de las cosas del mundo por oposición al saber de las cosas divinas. En español sucede esto último cuando hablamos del *pen-*

samiento de los moralistas o utilizamos la palabra *sabiduría*, puesto que aceptamos la limitación del término a un saber acerca de las tareas humanas. Lo que no acontece con la *sagesse* francesa que no separa, como nosotros, sabiduría y sapiencia.

En este ensayo no se trata de señalar los rasgos característicos de la filosofía en sentido estricto oponiéndolos a los de la filosofía considerada como sabiduría o concepción del mundo; tampoco se trata de discurrir sobre sus métodos y precisar la índole de sus problemas, menos todavía de caracterizar sus resultados teóricos y críticos. Lo que se pretende es solamente aclarar un cierto ángulo de aquella distinción y destacar una importante conexión entre las dos actividades, que contribuya a hacer más visible lo mismo su relación en el plano teórico que su posible compatibilidad práctica. Sin que esto quiera decir que no puedan darse otras conexiones.

El asunto presenta muchas dificultades, aunque no todas surjan a la primera mirada, simplemente porque conduce a una enorme masa de cuestiones diferentes, más o menos conectadas entre sí, que tradicionalmente han sido conceptuadas con una terminología muy poco precisa; terminología que, además, registra algunas de las nociones de mayor significación dentro de la historia de las teorías morales. Sin mencionar aquellas que se refieren a aspiraciones, valoraciones o ideales; ni aquellas que aluden a ideas, prejuicios, convicciones o creencias; todavía quedan, por ejemplo: reacción, resorte, respuesta, instinto, orientación, inclinación, dirección adquirida, tendencia, actitud, aptitud, hábito, adaptación, posición, suposición, disposición, predisposición, propensión, anticipación, postura, porte, temple, talante, sentimiento, emoción, estado de ánimo, afición, motivación, elección, decisión, determinación, punto de vista, compromiso, experiencia, carácter, comportamiento, personalidad y muchas otras que encaran a veces el mismo fenómeno u otros fenómenos cercanos. Por estas razones, el propósito de este ensayo queda prudentemente reducido a un solo punto: la elucidación de un solo concepto, el concepto de actitud y el intento de mostrar su relación con la sabiduría o concepción del mundo. La conclusión provisional consistirá en señalar la posibilidad de la función crítica de la filosofía en sentido estricto, frente a los productos culturales de la sabiduría y, de manera indirecta, frente a las actitudes morales a partir de las cuales aquéllos se originan. Pero este señalamiento, dadas las limitaciones de espacio, quedará reducido a la mera indicación de algunas vías que pueden ser exploradas en estudios posteriores.

2

Antes de decir algo sobre el concepto de actitud tal como es usado en el lenguaje científico, debemos recordar la forma en que se emplea en nuestras conversaciones cotidianas. Se dice, por ejemplo, que "alguien adoptó" o "tomó una actitud determinada a partir de un cierto momento"; o que "alguien mantiene una determinada actitud" o la "abandona". En estos casos, como en otros semejantes, entendemos claramente que no se quiere dar cuenta de un acontecimiento singular, sino que se nos indica que tenemos derecho a esperar un cierto comportamiento por parte de la persona a que se refieren aquellas expresiones; más precisamente, se nos dice que tal persona tiene, a partir de un determinado momento, una propensión o inclinación a actuar de cierta manera, de acuerdo con las situaciones a que tenga que enfrentarse.

Para que esta primera conclusión no parezca demasiado precipitada, debemos examinar el asunto más de cerca. La verdad es que pueden citarse ejemplos muy simples que contradicen la interpretación disposicional del concepto de actitud. En nuestras conversaciones decimos a veces que "alguien ha mantenido durante toda la entrevista o ante tal situación una actitud extraña", "altanera" o "indiferente". Y parece claro que en estos casos no usamos el término en su sentido disposicional, sino que describimos un acto cumplido o una serie de actos que durante un lapso determinado se han hecho manifiestos sin que pueda derivarse de ellos ninguna expectativa. Esta segunda manera de emplear el término, como descripción de actos o gestos, se acerca al sentido más simple y más antiguo de la palabra que, no obstante su ambigüedad, llama la atención en primer lugar sobre la posición del cuerpo y pretende considerarla aisladamente. Sobre este punto volveré más adelante, pero conviene indicar desde ahora lo que acontece cuando en la situación cotidiana tratamos de comprender la actitud de alguien en este segundo sentido. El esfuerzo para comprender es un paso del sentido más simple a otro mucho más complejo que permita la interpretación disposicional. El procedimiento consiste en ampliar los detalles de la descripción, buscar información sobre otras situaciones en que el sujeto se haya conducido de manera "extraña", "altanera" o "indiferente", precisar los objetos frente a los cuales repite tales reacciones u otras semejantes u opuestas. Y todo esto hasta el punto en que podamos establecer ciertas previsiones de estructura hipotética sobre la conducta del sujeto frente a determinadas circunstancias, que se reúnen propiamente en el concepto de actitud de acuerdo con su primer sentido de disposición.

Partiendo del sentido más simple de actitud en el lenguaje corriente, como referencia a un gesto aislado, nos vemos conducidos por un declive inevitable a las actitudes más complejas y de más alto rango. Esta distinción de los dos sentidos no intenta dibujar una línea formal de separación entre ambos, puesto que hay que admitir que una actitud simple puede ser considerada en un momento dado como un elemento o un síntoma de una compleja disposición. La mera distinción tampoco anticipa nada sobre el carácter moral de la actitud en cualquiera de los dos sentidos, pero cabe advertir desde ahora que en este ensayo interesa solamente el concepto entendido en su sentido disposicional. De su estudio resultará que su relevancia para la filosofía moral es de tal naturaleza que justifica plenamente designar a estas actitudes como actitudes morales.

Queda pendiente todavía otra cuestión relativa al significado mismo del término disposicional. Para los propósitos de este trabajo debe entenderse que la interpretación de una actitud en este sentido no es algo tan rígido como para no admitir excepciones y variables que califiquen cada situación. Cualquier enunciado que, sobre la base de conductas observadas, adscriba a una persona determinada actitud o, a partir de ésta, pretenda prever otras acciones puede ser corregido en cuanto surjan nuevas evidencias —aun en el caso de que se hubieran cumplido totalmente las reglas para la observación de las primeras respuestas. Ninguna prueba ha de mirarse como evidencia absolutamente concluyente, sino que, en el mejor de los casos, ha de aceptarse como digna de tomarse en cuenta, a pesar de que en circunstancias favorables pueda tener un alto grado de probabilidad. La interpretación de un concepto psicológico como término teórico, aunque acepte los mismos procedimientos de prueba basados en la observación de conductas y de situaciones, no puede ser paralela, según señala Carnap, a la de los conceptos puramente disposicionales de la física cuando designan eventos observables.

Vengamos ahora, después de estas inevitables advertencias, a un ejemplo de actitud de la mayor complejidad y examinémoslo más de cerca. Cuando se dice: "Juan Pérez ha adoptado una actitud estoica", no se hace la narración de un episodio, relativo a la conducta pasada de Juan o a su vida íntima, sino que se hace una advertencia que nos autoriza a esperar cosas como éstas: lejos de toda reacción frívola, Juan se conducirá ante los problemas de la vida diaria como un hombre sinceramente preocupado por el ejercicio de la virtud; independientemente de las tareas profesionales de Juan, es probable que esta preocupación esté por encima de cualquiera otra de orden teórico y contribuya a una cierta autosuficiencia, tal vez consecuente con un sereno desprecio de los apetitos y de las pasiones, con un desapego de los bienes materiales, con una especial capacidad para la soledad, para aceptar los golpes del destino y enfrentar la muerte. Aún podríamos esperar más, en el caso de que Juan Pérez fuera hombre de aficiones intelectuales; el anuncio de su actitud nos autoriza a suponerlo un racionalista y enemigo de todo escepticismo, no sólo en cuestiones de orden moral sino aun tratándose de la estructura del mundo, hasta el punto de creer que sus ideales personales de sabiduría y virtud forman parte de ese orden cósmico. Y todavía podríamos añadir parecidas consideraciones, si ampliamos el ejemplo al campo de la religión o de la política, pero tal cosa no es indispensable para tratar los puntos que interesan en este ensayo y, en cambio, tiene el riesgo de conducirnos a una serie de problemas adicionales.

Nuestro ejemplo de actitud es suficiente para ilustrar que, en el lenguaje ordinario, el uso disposicional que hacemos de la palabra actitud nos autoriza a esperar de un sujeto ciertas actuaciones, es decir, cierta conducta coherente y, sobre todo, constante, aunque el concepto no excluya de manera absoluta la evolución progresiva y hasta la mutación brusca. Cuando alguien adopta una actitud, queda comprometido a ponerla en práctica en todas las circunstancias pertinentes, no en el sentido de repetir mecánicamente las posturas que la han actualizado en el pasado, sino en el de la congruencia frente a las situaciones nuevas. Hasta tal punto es claro este compromiso que la congruencia o la constancia en el mantenimiento de una actitud se conecta ordinariamente con ciertos rasgos de carácter que se valoran muy alto desde el punto de vista de la moralidad. Igualmente se conectan con otras nociones como autorrealización y autenticidad que constituyen también piezas importantes en el lenguaje de la vida moral. Para ser en verdad morales o inmorales, nuestras acciones deben ser consistentes en alguna medida, deben formar parte de un conjunto orgánico de acciones que de alguna manera actualizan prácticamente una actitud. Y nuestros juicios morales se relacionan por partida doble con las actitudes, en tanto que no juzgan sobre una reacción aislada y en tanto que responden en su orientación a las actitudes que persisten en nosotros mismos.

También decimos. en el lenguaje corriente, "adoptar

un método" o "abandonarlo", cuando queremos indicar una serie de operaciones tácticas para alcanzar determinada meta; pero no podemos decir, por ejemplo, "adoptar un método ante la vida", y esto último no parece una mera diferencia en niveles de complejidad, si bien tal diferencia es notoria. Adoptar una actitud moral no es nada más acogerse a un código de normas para obtener ciertos resultados al enfrentarse a circunstancias determinadas, previstas por el código, porque esto difícilmente podría comprometernos con lo no previsto y, por otra parte, quedaría sujeto a la condición de ser eficaz en el logro de los resultados. El adoptar una actitud queda libre de tales condiciones, lo cual no quiere decir que se trate de una disposición a reaccionar de tal manera general que no pueda precisar situaciones y delimitar los objetos a los cuales se va a enfrentar como tal actitud. Más bien sucede lo contrario, la generalidad o extensibilidad de la actitud —como podría mostrarse en el ejemplo dado— abarca todos los aspectos posibles de la vida y la conducta humana en cualquier circunstancia, pero presenta estos aspectos bien jerarquizados y organiza las situaciones desde una perspectiva. Sobre este punto habrá ocasión de volver más adelante, pero por ahora debe quedar claro que mientras el abandono de un método es algo aconsejable en cuanto sobreviene el primer fracaso —en esto precisamente puede residir la congruencia de la tarea científica—, el abandono de una actitud es, en principio, independiente de sus resultados. La fidelidad a una actitud moral es loable no sólo en el éxito sino ante todo en el fracaso frente a las presiones y cambios de la situación, pero el empecinamiento en el empleo de tácticas ineficaces de investigación no es siquiera comprensible.

Podría pensarse que nuestro ejemplo de actitud estoica es un tanto complejo y hasta sofisticado, puesto que alude a un término que ha tenido su origen en la filosofía aunque haya ganado carta de naturaleza en el lenguaje ordinario. La verdad es que pueden citarse otros ejemplos —algunos más sencillos, otros menos— de expresiones con que calificamos esta clase de actitudes. Así hablamos de una actitud desinteresada, cristiana, utilitaria, objetiva, legalista, autoritaria, imperialista, dogmática, aristocrática, liberal, revolucionaria, racista, romántica, espiritualista, naturalista, epicúrea, etcétera. Cualquiera de las cuales podría ser más o menos apropiada como ilustración para destacar ciertos elementos característicos de las actitudes complejas. Lo que debe quedar bien claro es que el concepto de actitud, en el sentido que interesa, no incluye simplemente una serie de simpatías y diferencias, de preferencias y aversiones, aspiraciones y deseos, amores y odios más o menos caprichosos. Se trata de algo mucho más complejo, a la vez más restringido y probablemente menos arbitrario, que destaca una dirección orientadora de todas esas aversiones y simpatías. Decimos que alguien ha adoptado una actitud cuando estamos seguros de *a*] su disposición para actuar de cierta manera; *b*] su disposición para hacer cierta clase de juicios, que no son solamente juicios de creencia sino sobre todo juicios de valor; *c*] su disposición para experimentar los estados emocionales que normalmente acompañan aquellas acciones y estos juicios, y por último *d*] estamos seguros de poder establecer cierta conexión entre tales acciones, juicios y estados emocionales con otros, producidos o experimentados por el mismo sujeto, que guardan con ellos alguna semejanza.

A primera vista, la reunión de estos requisitos en la forma en que han sido expresados no garantiza todavía el carácter moral de una actitud. Sin embargo, el último de esos requisitos que apunta claramente a la extensibilidad como rasgo de la actitud viene a ser, cuando se aplica a juicios de valor sobre la conducta, lo que los filósofos llaman universalizabilidad. Esto no quiere decir necesariamente que toda actitud pretenda con sus pronunciamientos legislar para todos los hombres, pero quiere decir al menos que pretenderá dar razones para justificar la conducta propia ante los puntos de vista y los intereses ajenos. Y semejante relación no puede menos de ser una toma de posición frente a los intereses de supervivencia, de paz y armonía de cualquier comunidad humana.

3

Los hombres de ciencia y los filósofos han ido mucho más allá en el intento de precisar el concepto de actitud. Los fisiólogos, por ejemplo, han reclamado para sí el derecho de emplear el término en su sentido más general, dentro del dominio de la motricidad, como una manera de mantener el cuerpo. Emplean actitud como sinónimo de posición al referirse a las piezas del esqueleto y definir su localización en el espacio; o también como sinónimo de postura al referirse a las distintas partes del cuerpo animadas por la musculatura, que presuponen una actividad que no está implicada en la posición del esqueleto. Pero también aplican la voz actitud a la descripción de un conjunto de posturas, a una "postura constante" y además "total", esto último en el sentido de que abarca todo el cuerpo, no sólo una parte o un miembro.

Probablemente con excepción de los conductistas, que no buscan en la actitud un estado subjetivo inasible sino que se atienen al sentido más general del término como comportamiento complejo cuyo desarrollo se puede prever a partir de ciertos signos objetivos, la mayoría de los psicólogos conservó por mucho tiempo la ambigüedad que afecta a la palabra desde sus orígenes. Al parecer, la palabra actitud deriva de aptitud (en latín *aptitudo*), entendida como disposición natural para cumplir ciertas tareas; y fue introducida por la crítica de arte para describir, en las representaciones plásticas, "la posición del cuerpo humano que evoca cierta disposición de alma que le sirve de origen". Tal definición, que pretende abarcar a la vez la postura corporal y el estado psicológico considerados como dos realidades distintas, es una clara consecuencia del viejo mito cartesiano del "fantasma en la máquina", que Ryle ha denunciado tan enérgicamente.

No obstante la fuerza de la tradición y a pesar de graves divergencias, los investigadores se han visto llevados a utilizar el concepto de actitud para tratar con resultados de observaciones y experiencias registrados en forma objetiva. La psicología y las ciencias sociales recogieron el término del lenguaje ordinario conservando todas sus notas, especialmente el uso disposicional y el significado de adaptabilidad o ajuste a varias situaciones. Los psicólogos experimentales, sobre todo en Alemania, fueron los primeros en introducir el concepto de actitud en el lenguaje científico y en los últimos años del siglo pasado ya era corriente en todas las investigaciones psicológicas. William James llamó la atención sobre algunos aspectos de las actitudes, decisivos para cuestiones de significado y de comportamiento; Koffka estableció distinciones entre actitudes; Washburn insistió sobre su carácter sistemático; pero, sobre todo, Freud hizo posible que el concepto pasara a manos de los sociólogos, mejor dicho, pasara a ser un concepto interdisciplinario. Punto de encuentro entre reacciones personales y reacciones de grupo; más impersonal que las visiones naturalistas del instinto y, por otra parte, menos impersonal que las costumbres o las fuerzas sociales, el término de actitud vino a convertirse en la noción clave de la psicología social, indispensable para establecer un puente entre el estudio de la personalidad y el de la cultura como sistema de valores y de creencias.

El desarrollo de la psicología social como disciplina científica se llevó a cabo en el período comprendido entre las dos guerras mundiales, y el asunto de las actitudes fue el apoyo principal de sus investigaciones empíricas. Se trabajó en construcción de escalas para medir la dirección de las actitudes, principalmente a partir de L.L. Thurston; por los mismos años se inició la investigación de actitudes de grupos sociales particulares en relación con objetos de interés común, sobre todo a partir de los trabajos de Thomas y Znaniecki. Estos dos investigadores definían la psicología social como "el estudio científico de las actitudes", y dieron a este concepto una prioridad sistemática en sus publicaciones. Para ellos, la actitud se entiende como un proceso de la conciencia individual que determina una actividad del propio individuo en el mundo social: la actividad es el nexo entre la actitud y los valores sociales. Desde un punto de vista totalmente distinto —el de la sociología formalista—,

Leopold von Wiese dio a las actitudes un lugar como factores del proceso social. Según Wiese, la actitud constituye el producto del yo individual y del conjunto de experiencias adquiridas. Y el proceso social se puede expresar en una fórmula que lo presenta como el producto de la disposición individual combinada con la experiencia adquirida y multiplicada por las actitudes de los demás hombres.

Después de 1940 se amplió el campo de estos estudios, se hizo más sistemático y, sin abandonar los temas señalados, se orientó la investigación hacia otros asuntos: el contenido de las actitudes; la manera en que las nuevas experiencias pueden modificarlas; la relación de las actitudes con procesos de aprendizaje y recuerdo, percepción y razonamiento; el estudio de los métodos para medir la dirección, el grado y la intensidad de las actitudes, y, por último, su relación con otras variables importantes como los niveles de inteligencia, la personalidad, el prejuicio. Gordon W. Allport, una de las figuras más relevantes de la psicología social en los Estados Unidos a lo largo de más de tres décadas, definió, en 1935, la actitud como un estado mental y fisiológico de disposición, organizado a través de la experiencia que ejerce una influencia directiva o dinámica sobre las respuestas individuales frente a todos los objetos y situaciones con los cuales está relacionado. Diez años después, todavía afirmaba el propio Allport que la actitud era probablemente el concepto más distintivo e indispensable en la psicología social norteamericana contemporánea. El tratado de Otto Klineberg y el de Solomón E. Asch confirman el aserto. El manual de Sprott y los estudios de Gino Germani lo confirman igualmente en otros contextos.

Hay que aceptar, sin embargo, que en las ciencias

sociales acontece lo mismo que en el lenguaje corriente. Los investigadores separan dos tipos de cuestionarios para sus pesquisas: los destinados a medir reacciones de gusto y disgusto frente a un objeto determinado, y los que no registran una respuesta aislada sino que buscan detectar toda una disposición a actuar, un conjunto de posibles respuestas que revelan una dirección de la conducta. Al hacer esta separación distinguen, como lo hace Sprott, entre actitudes y complejos de actitudes. Debemos entender que en el primer caso se emplea el concepto para referirse a una respuesta o a un grupo de respuestas, sin que interese derivar de su análisis ninguna expectativa. Pero, en cuanto se amplía el alcance de la investigación, no queda otro camino que aumentar la información hasta el punto de poder establecer ciertas predicciones, de acuerdo con la actitud entendida en su sentido disposicional. Por otra parte, hay que decir en descargo de los sociólogos que, cuando plantean el problema de la naturaleza de la actitud, no surge entre ellos discrepancia alguna sobre su carácter disposicional, como momento preparatorio de la acción, aunque los desacuerdos sean importantes a propósito de otros puntos.

En fecha reciente, un grupo de psicólogos —Paillard, Fraisse, Duijker, Oleron y Meilli— se reunieron a discutir el tema de la actitud, convocados por la Association de Psychologie Scientifique de Langue Française. En un intento de precisar el concepto vienen a confirmar los elementos característicos arriba señalados y permiten añadir algunos matices sobre los cuales vale la pena llamar la atención.

En primer lugar, los psicólogos establecen importantes distinciones. Por ejemplo, entre la simple reacción y la actitud que se define por su carácter permanente que, de alguna manera, se percibe como un "atributo de la persona". O entre la repetición de reacciones que constituye el hábito y la actitud que no solamente no implica repetición sino que exige que las reacciones adquieran formas diferentes de acuerdo con las situaciones, aunque ligadas entre sí por rasgos de semejanza más o menos precisos, que obligan a hablar de esquemas de reacciones y aún permitirían hablar de *sistemas* de reacciones. Distinguen también los investigadores entre la actitud y el carácter, no obstante ser fenómenos realmente cercanos; hacen ver que el carácter designa un modo de reacción más o menos general que no especifica las situaciones ni los objetos a que se aplica; la actitud, en cambio, a pesar de su generalidad, establece de alguna manera distinciones de valor y jerarquiza objetos. Éste es un punto muy importante que nos permite suponer, en principio, cambios de actitud que no implican cambios de carácter, así como iguales actitudes en sujetos de distinto carácter y viceversa, sin dejar de reconocer que se trata de fenómenos estrechamente conectados. Seguramente otros psicólogos no compartirán esta opinión. Erich Fromm, por ejemplo, para quien el núcleo del carácter está en los modos específicos de relacionarse la persona con el mundo exterior, no establece separación alguna entre actitud y carácter y define lo que él llama la "orientación del carácter" como una actitud fundamental, un modo de relacionarse en todos los campos de la experiencia que incluye las respuestas sensoriales, emocionales y mentales.

En segundo lugar, los científicos acentúan el sentido práctico y precursor de la actitud —es decir, la actitud entendida como disposición a actuar con cierta orientación— a partir de observaciones de la fisiología sobre las posturas corporales y del estudio de los factores de la vida psíquica que, tomados en conjunto, son considerados como la manifestación fundamental y originaria de las actitudes. Wallon, sobre todo, ha llegado a sostener —fundado en el estudio de las formas elementales de actividad tónica en el niño— que las actitudes posturales constituyen el tronco común de las emociones y de lo que serán más tarde las "actitudes mentales". Así viene a ser la actitud una noción clave para explicar, a partir del plano neurofisiológico, el origen de un gran número de operaciones selectivas y anticipadoras que funcionan en el dominio motor, pero también en otros dominios: en la percepción, la afectividad y la inteligencia.

Al precisar las características de la actitud. Oleron ha señalado, además del aspecto dinámico ya indicado, el de selectividad. Cuando alguien adopta una actitud actúa "como si eligiera" entre diversos estímulos o fases de un estímulo e hiciera caso omiso de los otros: elige entre varias interpretaciones posibles, entre varios términos utilizables o simplemente lleva a cabo una conducta haciendo a un lado otras conductas posibles. Con esto mismo queda permitido, por encima de su carácter permanente, el cambio de la actitud: una actitud puede ser abandonada en la medida en que es una selección y toda selección deja perspectivas abiertas. Por otra parte, viene a reforzar la idea de que la actitud, lejos de consistir en un conjunto de reacciones adecuadas a los estímulos particulares, es el desarrollo de un sistema de expectativas que escapan al apremio de la situación, y a partir del cual surgirán las respuestas en relación con ciertos objetos o especies de objetos de aquella situación.

Esto último está en relación con lo que se ha llamado

—en verdad sin acierto— la característica de especificidad de la actitud, que de ninguna manera debe ser interpretada en oposición al aspecto de generalidad de que hemos hablado más arriba, en el sentido de abarcar la totalidad de la experiencia humana en cualquier circunstancia. La especificidad debe entenderse como el recurso utilizado precisamente para enfrentarse a aquella totalidad ante las urgencias impuestas por las condiciones de la acción humana: este recurso es la categorización. Uno de los efectos inmediatos en el funcionamiento de las actitudes es el intento de organizar los estímulos de la circunstancia con arreglo a ciertos criterios; bastará solamente identificar algunos rasgos para ubicar al estímulo dentro de una categoría y, de esta manera, la respuesta dependerá de la forma en que esa categoría se vincula con la actitud. Probablemente más de una distinción tradicional en el campo de la naturaleza podría servir de ejemplo de estos efectos de una actitud, pero resulta mucho más obvio el empleo de la categorización en las relaciones sociales: tomamos actitudes frente a categorías de personas, frente a demócratas o comunistas, intelectuales o delincuentes, anarquistas o judíos. En estos casos, como en muchos otros, introducimos un principio de economía que clasifica personas y suprime diferencias, con lo que se logra una disposición general más o menos permanente capaz de orientar nuestras acciones en una dirección privilegiada.

Este principio de economía, lo mismo si se designa como especificidad o como categorización, es un principio de índole afectiva y activa. Las observaciones de los psicólogos han venido a confirmar esta apreciación tradicional de que las actitudes dependen de los estados afectivos. El psicoanálisis insistió firmemente sobre esto, y los filósofos existencialistas lo pusieron nuevamente en circulación. Los dos conceptos fundamentales de Heidegger, el encontrarse (*Befindlichkeit*) como temple o estado de ánimo y el comprender (*Verstehen*) son de índole afectiva y activa, y de ninguna manera tienen sentido cognoscitivo. La distinción posterior de Bollnow entre estado de ánimo (*Stimmung*) y actitud (*Haltung*) se mantiene en la misma dirección aunque dentro del plano de la psicología y, más claramente ligada a la tradición, acentúa el carácter "dado" y natural del estado de ánimo frente al "adquirido" y moral de la actitud, pero advirtiendo que ya en el primero se revela el sentido y el valor de la vida, a partir del cual es posible montar el esfuerzo y la disciplina de la conducta moral que surgen en el segundo.

Aunque la mayor parte de los investigadores parece estar de acuerdo en calificar la orientación selectiva y motriz de la actitud como estrictamente emotiva, queriendo decir con esto que la relación emotiva con el objeto es lo que crea el compromiso de la acción y determina su naturaleza, no resulta tan fácil esclarecer el punto en todo su detalle. Sin embargo, los psicólogos del Institute of Child Welfare de la Universidad de Minnesota han llevado a cabo experiencias interesantes. Han tratado de explorar sistemáticamente cómo aparecen y en qué medida son estables las actitudes infantiles frente a la experiencia externa. A partir del análisis de las reacciones de los niños en función de sus connotaciones agradables o desagradables —mediante el recuento de sus expresiones de tono afectivo— han venido a establecer las variaciones de ánimo, la disposición y el tono emotivo con el que encaran la realidad, hasta concluir que una actitud general es el resultado de la suma de aquellas variaciones que han llegado a estabilizarse. De esta manera habría que aceptar que la actitud no es otra cosa que una disposición surgida de una emoción o un estado afectivo más o menos estabilizado; dicho más precisamente, es el concepto disposicional que podemos utilizar para hacer predicciones a partir de nuestra observación de cierta relación preponderantemente emotiva entre el sujeto y el objeto de la actitud.

Antes de proseguir es necesario hacer dos aclaraciones. La primera en relación con las fuentes de la actitud, la segunda en relación con sus efectos. Lo que interesa destacar en primer lugar es lo siguiente: hemos visto que, cuando los psicólogos se preguntan cómo surge una actitud en el niño, responden buscando qué experiencias son las que provocan la repetición y las variaciones de los estados de ánimo para poder establecer la permanencia de una actitud frente a diversos estímulos. De igual manera proceden los investigadores de la sociología al estudiar las variaciones de las respuestas particulares a través de diversos tipos de marcos de referencia, grupos culturales y niveles socioeconómicos. De modo semejante, cuando en la vida diaria nos preguntamos cómo llegó Juan a tomar cierta actitud, lo que pedimos es una explicación de orden biográfico y, en rigor, quedamos satisfechos si se nos responde con información sobre su familia, su educación y el círculo de sus amistades, su nacionalidad y clase social, su profesión, etcétera. En verdad sería más correcto no preguntar *cómo* sino *por qué* adoptó Juan esa actitud, y aceptaríamos que se nos respondiera diciendo, por ejemplo, porque fue persuadido o inducido por alguien, o porque careciendo de determinada información y en posesión de ciertas ventajas tuvo que enfrentarse a tal situación en determinado momento de su vida, etcétera. No se pregunta por los caminos o los métodos seguidos, ya que propiamente no puede hablarse de tales, sino por los orígenes o las fuentes de la actitud. Sin excluir la posibilidad de que una actitud pueda surgir de golpe, como resultado de una experiencia traumática o de la estructuración repentina de una situación, lo que se busca al determinar sus fuentes es explicar la relación del sujeto con una determinada situación objetiva y la historia de esta relación en el más amplio sentido de la experiencia: la memoria del pasado y las expectativas del futuro.

La segunda aclaración se refiere a los efectos de la actitud. Cuando decimos que la actitud se origina en una relación de orden emotivo, obviamente no hemos dicho nada todavía sobre sus efectos en el terreno de la acción, ni en el dominio cognoscitivo ni en el propio campo de las reacciones emotivas.

En este punto no sobra recordar lo dicho más arriba sobre la actitud como noción indispensable para entender un gran número de operaciones selectivas y anticipadoras de la acción, de la percepción, de la inteligencia, de la efectividad. El mero adoptar una actitud es ya una actividad de consecuencias externas y además una actividad orientada en cierta dirección. Los psicólogos hablan de una orientación de la actividad perceptiva y saben que, en igualdad de condiciones, hay estímulos que se presentan como preferentes para ser percibidos por el sujeto: por ejemplo aquellos que le son más familiares, o que le ofrecen mayor atractivo por estar más vinculados a sus intereses, o que en alguna percepción anterior condujeron a una reacción agradable o benéfica. Esto sin hablar de distorsiones perceptivas, de adaptaciones defectuosas, de falta de flexibilidad y hasta de transferencia en el sentido psicoanalítico. Lo mismo han señalado los psicólogos en el plano del razonamiento, que en cualquier individuo está sometido a toda clase de deformaciones; pero aun sin llegar a ellas es obvio que, en procesos como la abstracción, las actitudes representan un papel principal, y que en otras operaciones intelectuales se ha podido probar que algunas diferencias individuales de eficiencia no se explican por los hábitos de reacción aprendidos sino simplemente por actitudes. Por último, algo parecido puede decirse de las reacciones emotivas: una actitud previa favorable —aunque ella misma se origine fundamentalmente en estados emotivos— acaba por determinar el carácter agradable de nuevas experiencias a fuerza de iluminar o de oscurecer ciertos rasgos del objeto. Y cuando esto mismo se aplica al plano de las relaciones interpersonales, las consecuencias resultan mucho más claras porque a menudo la categorización determina el trato con las personas atendiendo simplemente a uno solo de sus rasgos. El reconocimiento de esta interacción por parte de los psicólogos, cuando se proponen el problema terapéutico de adaptación de un sujeto, es lo que les ha llevado a un doble tratamiento: en primer lugar a buscar la modificación de los ambientes externos como medio para reducir las tensiones y así favorecer el cambio de actitud; en segundo lugar, al intento de operar directamente sobre el sujeto mismo con el ánimo de reorientarlo y lograr el cambio de actitud.

4

Después de estas aclaraciones sobre las fuentes y los efectos de la actitud, podemos volver al asunto pendiente. Hemos dicho que la mayor parte de los investigadores parecen admitir que las actitudes dependen de factores emotivos. Fraisse, por ejemplo, dice sostener una tesis monista sobre la actitud que consiste en no disociar, en la reacción del sujeto, los aspectos emotivos y cognoscitivos. En realidad, lo que le interesa es no separar la actitud considerada como una fase —una primera fase— de la percepción que de este modo resulta ser una reacción condicionada.

Los filósofos existencialistas han interpretado, dentro de su peculiar estilo ontológico, este elemento evaluativo de la emoción, y casi siempre han insistido en su carácter no cognoscitivo. Es conocido el punto de vista de Sartre que sostiene que la emoción es una manera no racional de aprehender el mundo —es una estructura de la conciencia que es en primer lugar irreflexiva y, por tanto, no puede ser conciencia de sí misma. Pero es indudable que Sartre ha visto con claridad que, cuando el sujeto busca la solución de una dificultad práctica planteada con urgencia, reacciona emotivamente a los estímulos y, como no puede demorar su acción, por ejemplo, investigando los procesos causales que mueven las cosas del mundo, entonces ensaya cambiarlo, es decir, ensaya vivir como si las relaciones de las cosas y sus potencialidades no estuvieran reguladas por aquellos procesos sino por magia. Cerrado el camino de los cálculos exactos y de los instrumentos y acorralado por la necesidad de actuar, dice Sartre, el sujeto se lanza en esta nueva actitud con toda la fuerza de que dispone e introduce en el mundo modificaciones que lo hacen aparecer como una totalidad que sólo puede ser manipulada en grandes masas.

Emparentando en esto con la psicología de la forma, que ve en los estados emocionales actos subrogatorios con que el sujeto se protege cuando no halla soluciones, Sartre habla de estos ensayos emotivos de modificar el mundo como una conciencia degradada, y del mundo mágico que surge de ellos dice que es un mundo coherente pero irracional. La emoción, para Sartre, lejos de ser un desorden pasajero del espíritu, es el retorno a la actitud mágica. De modo que reconocer el elemento evaluativo de la emoción como totalmente irracional es el primer paso para degradarla. Sin embargo, los supuestos sobre los cuales trabaja Sartre y la intención de su *Esquema de una teoría de las emociones* no le obligan a distinguir con precisión el concepto de actitud que él mismo usa, aunque deje bien claro que la emoción es seguramente su condición necesaria y básica.

La razón de estos extremos, como de las dificultades con que tropiezan algunas versiones de la teoría emotiva de la ética, se encuentra en la complejidad misma de la palabra emotividad. En esta palabra se incluyen estados de ánimo, inclinaciones o motivaciones, conmociones y sentimientos, es decir, se incluyen propensiones y acontecimientos psicológicos de diverso tipo, que ahora no podemos detenernos a analizar y de los cuales no es posible decir muchas cosas en común. Las teorías tradicionales de la emoción señalan con mayor o menor energía una serie de factores: una turbación de la mente o del cuerpo; una sensación corporal; una evaluación o percepción de algún objeto, que de alguna manera se registra como deseable o no; una tendencia a actuar.

Pero la mayor parte de estas teorías discute todavía cuál de estos factores es central, cuál es sólo un efecto, cuál un elemento concomitante, y no acaba de aceptar la posibilidad de que todos ellos integren un fenómeno complejo.

Prosiguiendo esta línea, Alston ha propuesto recientemente una visión más comprensiva de la emoción. Un estado emocional, de acuerdo con Alston, es un estado más o menos alterado del organismo; junto con las sensaciones corporales producidas por él; y todo surgiendo de la evaluación perceptiva de algún objeto. Aunque la definición reconoce la posibilidad de casos marginales en que alguno de los elementos se encuentre ausente, asegura que todos ellos se presentan en los casos paradigmáticos. A pesar de esta salvedad, la definición tiene la ventaja de dar un lugar a los constituyentes cognoscitivos de la emoción y de eliminar la idea, todavía generalizada en ciertos círculos, de que los estados emocionales son meras turbulencias psicológicas inanalizables y absolutamente no cognoscitivas. Es asunto de psicología experimental determinar el papel que desempeñan en las emociones los conocimientos que los sujetos tienen de aquellos rasgos relevantes que motivan su situación. Pero la experiencia del lenguaje ordinario nos autoriza a preguntar por el carácter razonable o realista de un estado emocional surgido, por ejemplo, de la evaluación de un objeto determinado como peligroso. Algunas observaciones de Sartre podrían servir en este punto como prueba textual.

En la emoción se dan efectivamente, además de las turbaciones y sensaciones corporales, evaluaciones de objetos que, si bien no pueden presentarse como conocimiento pleno, son interpretaciones que a partir de datos o señales se refieren a algo como deseable o no deseable. Esta relación intencional, referencia a algo que no son ellas mismas, presta a las emociones un carácter que se hace más acentuado a medida que se repiten y se estabilizan. En las actitudes, entendidas en el sentido en que las estamos estudiando, los factores perceptivos que hacen posible la evaluación siguen expresando un vínculo afectivo, pero al mismo tiempo expresan una categorización de objetos o de rasgos de objetos que ya no son indiferenciados. La categorización puede ser realmente primitiva y, sin embargo, será posible definirla en términos de ser más o menos apropiada, en cuanto descripción, a los objetos a que hace referencia. Una forma de confirmación de esto último puede hallarse en los usos del lenguaje ordinario, que distingue entre actitudes racionales e irracionales.

Nada de lo dicho debe entenderse en el sentido de que los juicios de valor surgidos de actitudes resulten idénticos en algún respecto a los de las ciencias empíricas. Lo que se quiere decir es que, a pesar de que la actitud depende de estados emotivos, no debe ser tenida como absolutamente irracional precisamente en virtud de los elementos cognoscitivos de las emociones.

En concordancia con estos elementos, los psicólogos han registrado en las actitudes complejas características de selectividad y preferencia, de categorización y de tendencia a organizar el mundo por sectores. Pues bien, en cuanto estas características se expresan en lenguaje no pueden escapar a la necesidad de dar cuenta del uso de sus términos descriptivos y de aplicar cada expresión a todos aquellos objetos que son similares en ciertos aspectos. Pero sobre todas estas cuestiones habrá ocasión de volver más adelante.

Ahora conviene recapitular. El examen de las expresiones del lenguaje corriente nos permitió afirmar que usamos el término actitud, en el sentido que nos interesa, para designar una disposición: la disposición de alguien para actuar de cierta manera en relación con un objeto o un grupo de objetos; hacer cierta clase de juicios, en general acordes con sus acciones; experimentar los estados emocionales que normalmente se presentan en tales casos; siempre que estemos seguros de reconocer alguna semejanza entre este conjunto de posibles acciones, juicios y estados, con otros del mismo sujeto.

También quedó señalado, aunque con indicaciones muy rápidas, que los investigadores científicos acentúan este valor disposicional de la actitud frente a los meros acontecimientos o reacciones aisladas que por sí mismos no nos autorizan a esperar ningún comportamiento. A esta disposición los investigadores enlazan algunas características y ciertas observaciones sobre sus fuentes y sus efectos que confirman y dan precisión al uso corriente: *a*] su sentido práctico, lo mismo por responder a urgencias de la acción que por orientar de cierta manera tales respuestas, atendiendo en esto no sólo a los estímulos objetivos y a las exigencias emotivas, sino incluso a más profundas exigencias de orden fisiológico; *b*] en segundo lugar, su carácter constante o relativamente permanente, que, por supuesto, no excluye la variación ni aun el cambio brusco; *c*] su carácter selectivo, en razón de que al dirigir la actividad puede hacer uso de un conjunto de expectativas que destacan algunos objetos o grupos de objetos, escapando así al apremio de la situación; *d*] en relación con lo que se acaba de decir, es preciso acentuar la liga de parentesco que se da entre las diversas expectativas y su capacidad de adaptación sin alterar los rasgos de semejanza, que es lo que hace posible hablar de esquemas o sistemas de reacciones; *e*] su generalidad, que es una consecuencia de lo anterior, en el sentido de abarcar la totalidad de la experiencia humana y a un tiempo su capacidad de modificar esa totalidad, de categorizarla, organizando el mundo en grandes sectores; *f*] su dependencia indudable de los estados emotivos a través de los cuales la actitud se estabiliza y cuyo estudio permite establecer las fuentes de la actitud; *g*] pero, al mismo tiempo, el reconocimiento de que las actitudes no son pura irracionalidad, en virtud de que existen también ingredientes cognoscitivos en las emociones; *h*] finalmente, sus efectos probados en gran número de operaciones selectivas y anticipadoras de la acción, de la percepción, de la inteligencia y de la afectividad, que hacen ver hasta qué punto la actitud revierte sobre sus propias fuentes.

5

Todavía cabe añadir algo, porque se suele hablar de actitudes, aun en su sentido disposicional, como si se tratara de una noción general a la que debemos agregar ciertas características para que se precise como actitud moral. La discusión de Alston en contra de Stevenson y los emotivistas, tan útil por muchos conceptos, se coloca precisamente en este terreno. Pero aquí voy a sostener que cuando se trata verdaderamente de actitudes, cuando éstas reúnen los requisitos que se han señalado, se trata de actitudes morales.

En la medida en que, al considerar las diversas disposiciones de una actitud, descubrimos un mínimo de congruencia entre acciones, juicios y estados emotivos, estamos en presencia de una guía de acción. Y en la medida en que la actitud gana en complejidad y se hacen visibles las características señaladas por sociólogos y psicólogos, aquella guía no puede menos de comprender la relación, la convivencia y la cooperación con los demás hombres. En este punto, las expresiones de la actitud alcanzan ese carácter fundamental que no desliga las cuestiones de la vida práctica de las del sentido del mundo. Lo que se conoce como actitudes específicas son las derivaciones de ese campo moral originario a otros terrenos conectados con él, como la religión, la metafísica o la política.

No hay propiamente una actitud estética como opuesta a la moral o como derivada de ella. Aquí se trata de un mal uso del término. Si se habla de creación artística lo indicado es referirse a procedimientos técnicos, al uso de tácticas o recetas para el trabajo artístico que ni reúnen los requisitos que constituyen la actitud ni tienen que ver con el problema que aquí nos interesa. Si se habla de la contemplación de las obras de arte como de un puro esfuerzo de atención desprovisto por completo de todo elemento práctico y activo, no tiene sentido hablar de actitud. Tampoco hay una manera estética de percibir un objeto que se pueda distinguir de la percepción normal, de cuya relación con las actitudes ya se han hecho algunas indicaciones. De lo que se puede hablar con toda corrección es de evaluaciones estéticas, evaluaciones que no son, por ejemplo, económicas o morales, aunque puedan darse en conexión con las actitudes morales —pero éste ya es otro problema. Finalmente, la creación artística puede ser contemplada, en sí misma, como una acción humana requerida de justificación, mas con esta consideración se ha pasado a otro nivel más allá del estético, que es el campo moral originario de la actitud.

En pasajes anteriores hemos insistido suficientemente en el carácter práctico de la actitud. Esto mismo ha permitido ver que los simples estados afectivos, gustos y preferencias, aspiraciones y simpatías que nos disponen a favor o en contra de algo, no son actitudes en el sentido que estudiamos, ni siquiera en el caso de que aquellas disposiciones fueran acompañadas de juicios de valor y de discursos que alaban o condenan el objeto. Es indispensable la disposición a la acción, que debe ser adecuada a las preferencias afectivas y a los juicios, pero que no se sigue de ellos. Se puede hablar de actitud sólo cuando se aprueba algo emotivamente, se hacen declaraciones consecuentes sobre su valor y, al mismo tiempo, se está dispuesto a un cierto comportamiento para propiciar que lo aprobado se difunda, se repita, se conserve o crezca. Ahora bien, esta disponibilidad para la acción es en términos estrictos un compromiso moral que caracteriza la actitud y que los estudiosos de la ética registran como un rasgo esencial del discurso moral con el nombre de prescriptivismo.

El compromiso moral permite explicar muchos de los efectos de la actitud en los estados afectivos. De la disposición a actuar que es parte constitutiva de la actitud se siguen, por ejemplo, la disposición a sentirse obligado a ejecutar ciertos actos, a sentirse culpable de no haberlos realizado, a sentir indignación contra quienes no los cumplen.

Alston ha llamado la atención sobre la conexión indudable que se da entre los tres elementos disposicionales que constituyen la actitud —el estado emocional, la acción y el juicio—, pero no ha visto que era suficiente que tales elementos se conectaran adecuadamente para considerar toda actitud como compromiso de acción y, por tanto, como moral. Por eso mismo, Alston ha tenido que buscar otras bases para distinguir entre varias clases de actitudes atendiendo a los contenidos cognoscitivos de los estados emocionales, a la relevancia moral de las acciones mismas, al alcance normativo de los enunciados y hasta al uso de términos morales. Sin que su estudio tome en cuenta el riesgo de circularidad y sin advertir que el carácter moral no le puede venir a ningún enunciado de su forma lógica o del uso de ciertos términos, sino de la función que desempeña en el lenguaje para justificar acciones, para exhortar o persuadir con razones a quienes han de ejecutarlas. Una actitud compleja es moral porque es la contrapartida individual de las representaciones colectivas que constituyen los valores sociales. Y en cuanto a sus expresiones en juicios y discursos, la actitud es el intento de justificar con razones la propia acción frente a los intereses ajenos y frente a los esfuerzos de supervivencia y colaboración de una comunidad humana.

Todo esto lleva a insistir en otro punto, señalado de modo muy general al tratar del uso ordinario de la noción de actitud y con mayor precisión en el parágrafo que resume observaciones de diversos investigadores. Las notas allí registradas, especialmente las que se refieren a permanencia, selectividad, capacidad de adaptación y generalidad de la actitud, impiden que ésta pueda considerarse como la disposición a *un solo conjunto* de reacciones —un cierto estado emocional, una determinada acción, un juicio de valor— frente a un solo objeto o conjunto de objetos, por más que las reacciones pudieran ser repetidas o incluso habituales. La noción misma de actitud exige tener en cuenta una pluralidad de esquemas de reacciones capaces de enfrentarse a un conjunto no menos amplio de situaciones sin perder sus rasgos de semejanza, su unidad de estilo, que es lo que hace posible utilizarla como concepto unificador de nuestras relaciones con el mundo y con los otros hombres. Precisamente la comparación de varias reacciones que en alguna medida difieren por la circunstancia y el objeto —nunca la mera repetición— es lo que permite hablar de la coherencia de la actitud y distinguir a ésta del hábito. Entre los tres elementos disposicionales, acción, estado emocional y juicio, decimos que hay adecuación o correspondencia, pero entre varios conjuntos de esta naturaleza decimos que hay coherencia. La conducta habitual puede ser calificada de vacilante u obstinada, de firme o intermitente, pero no tiene sentido decir que es coherente, porque este último adjetivo requiere la comparación con otros conjuntos de reacciones, no, para medir la repetición de éstas, sino la constancia de ciertas relaciones entre las variables que están en juego. Como se mantiene un punto de vista, así se mantiene una actitud: permaneciendo frente a circunstancias y objetos que cambian —siempre que no se trate de cambios sustanciales. Porque esta capacidad de adaptación de la actitud descansa sobre el concepto de similaridad, que a su vez opera con una regla que autoriza a aplicar una expresión a objetos que son similares en ciertos aspectos. Esto es lo que los psicólogos quieren decir cuando se refieren a la actitud como sistema de hábitos o como un conjunto organizado de esquemas susceptibles de cierta plasticidad. Asunto que, por otra parte, debe ser puesto en relación con lo que los estudiosos de la ética registran como un rasgo esencial de los juicios morales con el nombre de universalizabilidad.

Antes hemos señalado la relación entre la permanencia y la plasticidad de la actitud con esta generalidad y capacidad para modificar el mundo y organizarlo en categorías. No parece necesario acudir nuevamente a ejemplos complejos como aquel que nos sirvió de punto de partida, porque hasta las más obstinadas y elementales actitudes políticas ilustran tal poder de categorización frente a comunidades humanas enteras. Se trata simplemente de insistir en que estos rasgos característicos vienen a confirmar hasta qué punto queda supeditada la actitud a la acción humana y cumple funciones de preparación para la acción y sobre todo de justificación, tratando de ligar al sujeto con los valores de las cosas —de la totalidad de las cosas—, es decir, cumple funciones esencialmente morales.

Sin embargo, esto último no es siempre reconocido, a pesar de que la noción de actitud se encuentra repetida a lo largo de toda la historia del pensamiento moral; a pesar de que ciertos conceptos relacionados con las actitudes, como "bien" y "mal", se presentan también desde antiguo como una oposición que se da dentro de cada categoría y es aplicable a toda cosa. Es probable que la pretensión de generalidad, que se deriva normalmente de toda actitud en la medida en que puede operar como mecanismo de justificación, haya contribuido a dejar caer en el olvido su carácter moral. Porque frente a esa pretensión se han destacado al menos dos hechos de tan grande volumen que han terminado por ocultarla totalmente a los ojos del observador superficial.

En primer lugar hay que recordar, a propósito de la distinción entre los dos sentidos de actitud, que un buen número de investigadores procede sin advertirla expresamente. Los psicólogos, por ejemplo, orientados a precisar los efectos de la actitud o la forma en que ciertas experiencias afectan el surgimiento y cambio de las actitudes, organizan sus observaciones en torno a casos muy simples que permiten un amplio margen de comparaciones y de repeticiones verificables. Los sociólogos, por su parte, interesados en cuestiones de opinión pública, resultados de propaganda, hostilidad entre grupos o diferencias de creencias, dirigen sus encuestas a establecer la dirección y el grado en que los sentimientos de aprobación o desaprobación se asocian a un objeto bien determinado. Este objeto puede ser una idea o un slogan, una institución o una persona, un símbolo o un ideal que, al presentarse aisladamente, contribuyen a que se pierda de vista el concepto general de actitud en su sentido disposicional. Y muchas veces caen en el error de distinguir una variedad de actitudes específicas independientes allí donde sólo hay, por ejemplo: aplicación de procedimientos o de métodos para resolver cuestiones teóricas o prácticas; repetición más o menos habitual de ciertas conductas, o, simplemente, efectos reiterados de una actitud moral fundamental, ligada en su origen a representaciones generales sobre la totalidad de la realidad.

En segundo lugar, hay que referirse a un fenómeno de la moralidad misma. La época moderna ha contribuido a la vida moral con una abundante literatura de máximas que se presentan desprendidas de sus supuestos y sus implicaciones —aunque a veces se den ilustradas con modelos de la mejor literatura—, dejando la falsa impresión de que la actitud moral puede ser considerada como una variedad aislada entre otras actitudes específicas. Semejante suposición implica que el juicio moral puede permanecer en los primeros niveles, es decir, puede quedar reducido a la mera comprobación de una afirmación moral particular por su adecuación a ciertas reglas y, cuando más, al cotejo de la validez de estas reglas por medio de una norma suprema. Pero esto último desconoce que la justificación de la adopción de una norma suprema tiene que hacerse en términos estrictamente extranormativos, dicho de otro modo, en términos de un esquema más o menos coherente de ideales, de enunciados generales y juicios de valor capaces de enfrentar la totalidad de la experiencia humana y establecer conexiones entre las decisiones del sujeto y el resto del mundo.

Para el pensamiento moral, en consecuencia, son inevitables aquellas representaciones unitarias del hombre y del mundo. Dada una concepción de la actitud como la que se ha discutido, se puede afirmar, sin temor a que no resulte claro el alcance de la afirmación, que la filosofía entendida como concepción del mundo no es otra cosa que la expresión de una actitud moral. El sabio o el filósofo, en este amplio sentido ideológico, puede construir un edificio conceptual más o menos simple o una doctrina notable por la riqueza en la elaboración de los detalles, pero, en todo caso, lo que hace es aprovechar el lenguaje y sus reglas para presentarse a sí mismo como teniendo una actitud.

Habrá que prevenir, sin embargo, el riesgo de establecer similitudes demasiado fáciles, entre el desarrollo de las doctrinas morales ligadas a una concepción del mundo y la marcha del conocimiento científico. Sabemos que, como ha dicho Allport, la organización del mundo en categorías comienza a constituirse en base a un germen de verdad. Pero sabemos también que, a pesar de contener elementos cognoscitivos, las expresiones de las actitudes no son una descripción estricta de la realidad —cualquiera que sea la relación que mantengan con ésta. Son sobre todo un conjunto de ideales de vida, de deseos, esperanzas y nostalgias, en parte modificaciones imaginarias de la realidad a partir de las cuales podemos elegir los marcos de referencia de toda consideración moral, la norma suprema que convalida todas las demás reglas de conducta. Sobre este punto volveremos en seguida para puntualizar que la elección de tales marcos o normas fundamentales debe ser también justificada o, de acuerdo con la terminología de Feigl, debe ser vindicada.

6

Una de las formas más obvias de la disparidad entre el desarrollo del conocimiento científico y la manera en que operan las doctrinas morales surgidas de actitudes se puede ilustrar a propósito de desacuerdos entre los sujetos. Un desacuerdo entre científicos, por ejemplo en las disciplinas empíricas, se da claramente a niveles de decidibilidad cognoscitiva, que en ningún momento dependen de cuestiones últimas no establecidas. Esto no quiere decir que en la ciencia no puedan darse cuestiones últimas en el sentido de cuestiones de principio, cuya solución debe hallarse antes de abordar las intermedias o derivadas. Lo que sucede es que aquellas cuestiones últimas quedan sujetas al mismo tratamiento que cualquier otra interrogación científica, independientemente de su nivel lógico. Además, sucede que en la medida en que las ciencias operan con procedimientos de fragmentación —subdividen los problemas en forma precisa y tratan cada vez uno solo de ellos— no desembocan en cuestiones más generales que las que en un momento dado plantea el avance de la investigación. De esta manera, ni responden a un problema determinado recurriendo a cuestiones de principio no decididas, ni encuentran entre sus problemas interrogantes que no puedan ser respondidos con enunciados corroborables.

Con las cuestiones morales no sucede lo mismo, porque las doctrinas morales suponen un enlace sistemático totalizante que no se da en las científicas. Responder a un problema moral bien delimitado requiere siempre el recurso a una norma fundamental o a un ideal de bien supremo, cuestiones últimas que verdaderamente no se pueden considerar decididas. En este sentido puede decirse que no hay cuestiones morales intermedias, porque todas conducen de alguna manera a las cuestiones últimas de la moralidad. Aunque, como veremos, los pasos de un argumento moral en determinados niveles responden al modelo de los argumentos científicos.

Vengamos ahora a otro punto que fue tocado lateralmente a propósito de las llamadas actitudes estéticas. A menudo se dice de alguien que "adopta una actitud científica", o se pide que cambie la "actitud filosófica hacia un problema", o incluso se habla de "actitud metodológica". Pero en ninguno de estos casos se usa el término en el sentido definido anteriormente de actitud moral, o en el sentido más específico y derivado, por ejemplo, de actitud política. Se trata de algo del todo distinto que no parece que pueda designarse justamente de otra manera que con la palabra "método": se nos pide que cambiemos de método frente a un problema, que adoptemos un método determinado para alcanzar un conocimiento. Entre método y actitud, a pesar de posibles semejanzas —puesto que en ambos se trata de encarar de cierto modo estímulos propuestos—, se da una diferencia de naturaleza y no simplemente de niveles de complejidad. Los autores de lengua inglesa emplean dos términos que, al menos en parte, parecen corresponder a esta distinción. La palabra *attitude* se emplea para designar modos de reacción más o menos permanentes y estables que guardan cierto grado de generalidad; mientras que la palabra *set* se usa para designar una disposición limitada a cierta tarea o a aspectos precisos de cierta tarea.

Merece la pena insistir en esta diferencia entre actitud y método, uno de cuyos aspectos quedó apuntado en el apartado 2 de este trabajo. El aspecto fundamental parece ser el siguiente: cuando decimos que alguien adopta un método científico, hablamos de una tarea y de la disposición a una tarea en la que los intereses cognoscitivos tienen una primacía incuestionable; de la misma manera, cuando se trata de aplicaciones prácticas de conocimientos científicos, se mantiene el predominio cognoscitivo aunque sea a un nivel meramente instrumental, que suspende la relación afectiva entre sujeto y objeto imponiendo una cierta distancia. Cuando se habla de actitudes, ya no se da esa primacía sino algo distinto que es la primacía evaluativa, la cual encuentra su explicación en estados emocionales del sujeto más o menos estabilizados.

Para acabar de dibujar los límites de aplicación del concepto de actitud, es indispensable mantener la distinción que se acaba de señalar, pero el asunto es de suyo demasiado complicado para que se puedan decir aquí cosas muy esclarecedoras. Lo que se dice a continuación debe valer como un índice de cuestiones, adecuado para justificar la distinción de que se habla y, por supuesto, merecedor de un tratamiento detenido en busca de respuestas fundadas que aquí no puede tener lugar.

Cuando se reconoce la primacía evaluativa de la actitud y su relación con los estados emocionales del sujeto, no se quiere decir que no se den en ella, como se dan en las emociones mismas —y consecuentemente en aquellos productos culturales que hemos señalado como su expresión—, elementos cognoscitivos. Ni tampoco se da por supuesto que en actitudes muy elaboradas tales elementos no puedan presentarse incluso como descripciones o como premisas de hecho, a partir de las cuales se puedan hacer surgir conclusiones valorativas y, con esto, dar ocasión a los argumentos morales. Todo esto es posible, como se ha dicho antes, sobre todo cuando el juicio moral permanece en los primeros niveles. Pero, con frecuencia, las discusiones acerca de este tipo de problemas no requieren simplemente aducir observaciones que están al alcance de todo el mundo o que pueden ser establecidas por algún procedimiento técnico más o menos claro, sino que acuden a otras instancias menos accesibles y más dependientes de los estados emocionales, la imaginación y la propia experiencia vivida, que están en las fuentes mismas de las actitudes. En tales casos no solamente es difícil lograr acuerdos, superar inevitables ambigüedades y malentendidos, sino incluso es imposible acudir a lo que en términos ordinarios llamamos un argumento moral.

Algo parecido acontece con otro problema que no encierra dificultades menores: el que se refiere a la aplicación de un método para obtener conocimientos científicos. Nadie discute la primacía cognoscitiva y existe un acuerdo general sobre el hecho de que ciertas operaciones intelectuales como describir, teorizar, explicar y predecir son neutrales desde el punto de vista de la valuación y la normatividad. Sin embargo, habría que añadir un par de consideraciones: en primer lugar, es obligado reconocer que, aunque el punto puede defenderse, el acuerdo deja de ser unánime cuando se trata de las ciencias sociales; además, es frecuente que en los procesos de investigación el científico se encuentre con la necesidad de aplicar, por lo menos dentro de ciertos límites, criterios que ya no son neutrales desde el punto de vista valorativo, por ejemplo, cuando tiene que optar entre varias hipótesis que se excluyen y para ello acudir a un cierto marco de referencia conceptual que por su generalidad ya no cae bajo su control inquisitivo.

Ahora bien, aquella diferencia fundamental puede encararse desde diversos ángulos y contribuir a explicar muchas diferencias secundarias. Por ejemplo, decimos que la tarea científica nos lleva a conocer, es decir, a disponer de ciertos conocimientos, lo que a su vez nos da competencia o capacidad para hacer ciertas cosas; y el camino que nos conduce a esta capacidad se llama con toda precisión método. En cambio, las actitudes, por muy elaboradas y sabias que sean, no nos llevan fundamentalmente a conocer sino a creer —en circunstancias apropiadas, creer es un verbo de motivación o de tendencia—, y con ello nos disponen a actuar de cierta manera. A esta tendencia o disposición no se llega por un determinado camino válido para todos los sujetos. Según hemos visto, la actitud no tiene métodos sino sobre todo fuentes. Y, así, podemos preguntar a alguien qué es lo que le hace creer tal cosa o por qué mantiene tal actitud, y aceptamos respuestas que de ninguna manera podrían aplicarse al saber o a los métodos de investigación. "Su actitud impide que lleguemos a un acuerdo" o "no puedo menos que mantener esta actitud" son expresiones que pueden ser dichas en una discusión moral —en rigor, para acabar con la discusión—, porque suponen fuentes y creencias, pero que no pueden aplicarse a la tarea científica ni a la filosofía considerada en su sentido más estricto, que usan métodos determinados para alcanzar un saber. En estos casos, el método queda de tal manera ligado al saber que se busca y a sus pretensiones de validez universal que tiene que ser exhibido en todos sus pasos junto con él, para que pueda ser verificado por otros investigadores. La actitud y, consecuentemente, sus expresiones no tienen que mostrar sus fuentes y carecen de tales controles.

En la medida en que sus expresiones doctrinarias pueden no pretender validez general sino presentarse como ideales personales o de grupo, los hombres sabios pueden hacer un llamado a la confianza, eludir toda discusión sobre las fuentes de la actitud, decir que no están obligados a confesarlas o declarar que son inefables. La discusión sobre la autenticidad de una actitud tiene que ser medida con criterios de índole moral totalmente diferentes que, además, han de tener en cuenta el compromiso de acción que envuelve el aceptar ideas y creencias derivadas de tal actitud.

Utilizando la terminología de Popper, se diría que estas doctrinas son por definición irrefutables, en el sentido de que no pueden ser sometidas a prueba para mostrar su incompatibilidad con algún enunciado de la experiencia. En la medida en que pretenden enfrentar la totalidad del mundo y desprender de allí conclusiones evaluativas y guías de acción, no habría manera de corroborarlas, pero tampoco de probar su falsedad. No obstante —sobre este punto habrá que insistir—, ofrecen un cierto flanco sobre el cual puede ser ejercido un verdadero examen racional.

La imposibilidad de verificación, o como quiera que se llamen las formas de control que se ejercen sobre los enunciados de la ciencia mediante la argumentación lógica y la prueba empírica, contribuye a acentuar en la obra de los moralistas y, por tanto, en toda concepción del mundo ciertas características que tienen una evidente relación con la actitud y que se oponen a otros tantos rasgos de la ciencia. Solamente para ilustrar esa relación, puesto que el tratamiento detenido del tema rebasaría los límites de este ensayo, diremos que todas aquellas construcciones doctrinales que se han señalado como expresión de actitudes, en especial las llamadas concepciones del mundo, suelen poner al descubierto *a*] su dependencia de la acción, en el doble sentido de contribuir a orientarla en una cierta dirección con señalamientos evaluativos y de exhibir justificaciones; *b*] su carácter constante que, aunque no excluya la variación ni aun el cambio brusco, pretende mantenerse gracias a un formidable poder de adaptación que de modo permanente reinterpreta los nuevos resultados de la investigación científica para ajustarlos a las convicciones o principios de nivel no corroborable que previamente ha aceptado como supuestos; *c*] su carácter selectivo en cuanto que pueden destacar algunos objetos o grupos de objetos privando a otros de todo valor, en provecho de una cierta imagen del mundo y, en último término, de la orientación de la conducta que intentan justificar; *d*] su generalidad y, a un tiempo, su pretendido carácter sistemático, en la medida en que abarcan la totalidad del mundo organizándolo en grandes sectores o categorías, sobre cada uno de los cuales pueden ofrecer doctrinas que, si no se enlazan como piezas de un sistema, al menos ofrecen entre sí rasgos de semejanza; *e*] su indudable relación con las actitudes y, a través de ellas, con los estados emotivos y, en general, con la experiencia vivida de los sujetos: *f*] pero al mismo tiempo revelan sus elementos cognoscitivos y su necesidad de acudir a descripciones y en ocasiones a argumentos y teorías que pueden ser revisados críticamente, o de hacer suposiciones de modo más o menos explícito y defender creencias que se pueden poner en relación con conocimientos científicos corroborables; *g*] finalmente su capacidad de influir, en tanto que aparatos doctrinarios, sobre las mismas actitudes de que han surgido, por ejemplo, endureciéndolas hasta imposibilitar toda variación a fuerza de presentar justificaciones demasiado rígidas o complejas.

7

Ahora se verá con claridad lo siguiente: una investigación empírica sobre las fuentes de la actitud, aun en el caso de que llegue a establecer estas fuentes en todo su detalle y se prolongue hasta poner de manifiesto conexiones más o menos invariables entre las actitudes y sus objetos, conduce a una explicación psicológica, histórica o social de sus orígenes, de su permanencia o su rechazo, pero no puede proporcionar una fundamentación.

Una concepción del mundo puede ser entendida en su unidad fundamental mediante la exhibición de una actitud, y ésta a su vez puede ser explicada por la investigación de sus fuentes. En rigor, las actitudes —y en consecuencia el sistema de sus expresiones doctrinales— no pueden fundarse. Menos todavía puede decirse de ellas que sean fundamento de otras actividades teóricas o prácticas. Lo que decimos de una actitud en la experiencia diaria cuando consideramos, por ejemplo, su ajuste con las condiciones de la realidad, su relación con conocimientos empíricos corroborados o el carácter no contradictorio de sus creencias, es que tal actitud es más o menos plausible o se encuentra más o menos justificada. La tarea de toda concepción del mundo y, en general, de toda expresión de actitudes acompañada de juicios de valor, es hacer explícitas estas justificaciones, pero en la mayor parte de los casos hay, además, el intento de presentarlas como verdaderas. En relación con este sector de la cultura, a la filosofía considerada en su sentido estricto le corresponde simplemente la clarificación y el examen de tal intento. A estas precisiones debemos añadir que, así como no cabe confundir la justificación de una actitud con la mera explicación de sus fuentes, tampoco se puede aceptar que se mezclen y confundan las razones dadas en apoyo de una actitud con los esfuerzos para difundirla y los recursos meramente persuasivos o condicionantes.

Si las actitudes fueran irracionalidad pura, no habría que plantear el problema de su justificación, sino tal vez otras cuestiones relacionadas, por ejemplo, con las posibilidades y ventajas de su propagación, unificación o diversificación. Pero hemos advertido antes que hay en ellas elementos cognoscitivos a partir de los cuales pueden ser más o menos justificadas; sabemos además que la defensa de estas justificaciones, cuando no su mera exhibición, es una de las funciones que corresponden a las expresiones doctrinales de las actitudes, sobre todo si se presentan como concepciones del mundo; y, finalmente, la más elemental experiencia de la vida moral nos enseña que un subjetivismo pleno es inadmisible y que, al menos sobre ciertos aspectos, es posible la discusión, el recurso a la información científica y el argumento.

La distinción de Feigl, a que se aludió en el apartado 5 de este trabajo, muestra perfectamente el campo del argumento moral. Aunque en la experiencia de la vida no se den separados los argumentos que convalidan una afirmación moral particular o una norma moral ordinaria de aquellos que vindican la norma suprema de un sistema, es fácil distinguirlos mediante el análisis. En el contexto de la validación, que corresponde a los primeros niveles del juicio moral, los principios cognoscitivos son más importantes que las normas mismas: cuando se miden los resultados prácticos de una acción moral se hacen inferencias inductivas; cuando se subsume un caso particular dentro de una regla moral ordinaria se hacen inferencias deductivas; el argumento que justifica una conducta o una norma mostrando su acuerdo con un sistema ético dado tiene la misma estructura que cualquier análisis de validación en el dominio cognoscitivo. En los asuntos morales, la validación termina con la exhibición de las normas que gobiernan el dominio del argumento, precisamente porque no las pone en cuestión.

El problema se plantea en relación con la vindicación, que ya no es la mera validación de conocimientos sino la justificación del acto de aceptar ciertos criterios básicos de valor, ciertos marcos ideales de referencia o normas fundamentales de un sistema moral que, en último término, vienen a expresar nuestra disposición a ciertos actos, juicios y estados emocionales. Esto es lo que debe llamarse con todo rigor la justificación de las actitudes.

Aunque los razonamientos vindicativos deben tener en cuenta conocimientos empíricos, puesto que las actitudes no prescinden por completo de tales elementos, la verdad es que la justificación de las actitudes obliga, en primer lugar, al planteamiento de cuestiones relativas a la aceptación de principios morales ideales o fines de acción y, en segundo lugar, a cuestiones de conexión entre medios y fines. A partir de aquella aceptación y de esta explicación de conexiones, es posible pasar al dominio de los argumentos, a la validación de los enunciados morales ordinarios o incluso a la justificación de los medios por su adecuación o armonía con los fines o ideales aceptados. Pero sucede que la aceptación misma se encuentra ligada desde sus orígenes a una actitud, surge comprometida con una concepción del mundo que a su vez da expresión a esta actitud y, en tal medida, es inseparable de la serie de condiciones que constituyen sus fuentes. Ahora bien, los riesgos de *petición de principio* que envuelven este tipo de asuntos, en virtud de las relaciones que antes hemos señalado entre las concepciones del mundo, las actitudes y sus fuentes, hacen imposible la prueba de cualquier principio último de justificación.

En esta grave limitación encuentran sus mejores puntos de apoyo las tradiciones escépticas y relativistas, como encuentran en las descripciones de la antropología y en los relatos de la historia la información necesaria para ilustrar, a propósito de diversos grupos o culturas, diferentes sistemas de validación. Sin embargo, es indispensable precisar lo siguiente: efectivamente se dan modos irreductibles de interpretar el mundo —cuerpos de doctrina y actitudes de que dan cuenta la historia de la cultura, la psicología, las ciencias políticas— y podemos aceptar también que es probable que esta variedad no desaparezca en lo futuro. Pero la historia de la filosofía y la historia de la ciencia dan pruebas indudables de que, si bien las actitudes morales no pueden ser refutadas de manera absoluta, sí lo han sido y sin duda podrán serlo en lo futuro sus expresiones doctrinales, es decir, las concepciones del mundo que a ellas se ligan. Esta diferencia indica el único camino posible para dar razones en favor o en contra de las actitudes y enfrentar unas a otras como más o menos justificadas.

El reconocimiento de estos límites detiene el círculo de la justificación de las actitudes. Al mismo tiempo, la posibilidad de una actividad crítica ejercida —al menos hasta ciertos niveles— sobre las concepciones del mundo permite reducir a un mínimo las pretensiones del subjetivismo y señala vías de racionalidad.

Aunque una actitud no pueda ser refutada ni justificada de manera completa, la investigación empírica y el análisis filosófico pueden poner en claro muchas cosas en torno a ella. Por ejemplo, pueden contribuir a elucidar: 1] la función de la actitud en el contexto de la acción y la forma en que opera efectivamente frente a las circunstancias sociales, pero además su función en el contexto del discurso moral y de las concepciones que pretenden justificarla; 2] el fin o el conjunto de fines o ideales morales al servicio de los cuales se pone la actitud con todas sus concepciones, y mostrar además su viabilidad o compatibilidad con una determinada estructura social; 3] la compatibilidad o congruencia de los ideales morales entre sí, cuando se dan asociados a una misma actitud, así como la adecuación y la armonía de todos los medios que se ponen a su servicio; 4] la coherencia del sistema de normas y su compatibilidad con los ideales morales que protegen; 5] los supuestos o presuposiciones de las normas, de los ideales por ellas protegidos y de las concepciones doctrinales asociadas, así como la relación de compatibilidad de estos supuestos con todas las leyes científicas conocidas, y finalmente 6] la validez de la conexión misma entre la actitud como disposición y aquellas doctrinas y creencias que de una u otra manera se aducen en su apoyo.

Éstos son justamente los terrenos de las razones en favor y en contra de las actitudes, donde ningún principio último puede ser probado con todo rigor, pero al menos puede escapar a la crítica si muestra la eficacia de su función social, su coherencia lógica y su compatibilidad con los enunciados de la ciencia, y de esta manera presentarse como más justificado que otros principios. Desde diversos ángulos, Findlay y Bunge han insistido en que una genuina justificación tiene que enfrentarse con los supuestos doctrinales, con las creencias que están asociadas a las actitudes, para exhibir su función real en una determinada situación y examinar su debilidad o su firmeza desde un punto de vista rigurosamente científico.

Sabemos que una actitud no es solamente una disposición a una acción, a expresar un juicio, a participar de un estado emotivo. Es la disposición a un variado juego de acciones, juicios y estados emocionales que guardan entre sí relaciones de similaridad. El juicio que proviene de esa disposición, por tanto, no se presenta como una afirmación aislada, sino en conexión con otros que expresan conocimientos y creencias que probablemente ya no se mantienen más allá de toda discusión. Una actitud puede ser reforzada o parcialmente justificada si se prueba que los supuestos en que se apoya son válidos, que sus creencias son compatibles con los enunciados de la ciencia, o si se muestra la coherencia del sistema de normas y la adecuación de sus ideales con una cierta realidad social. En cambio, exhibe su debilidad en el momento en que no puede cumplir estas exigencias lógicas y empíricas. He aquí un ejemplo simplificado pero posible: en una sociedad esclavista puede parecer congruente la actitud que discrimina a los hombres de color, pero esa actitud y las normas morales que de ella derivan presentan a su favor una serie de creencias sobre el origen y el destino de los negros —como descendientes de Cam, hijo de Noé, condenados por éste a ser eternamente siervos— y además presuponen una hipótesis de desigualdad racial. La creencia como tal rebasa los niveles de lo que puede ser contrastado con informaciones empíricas, pero eso mismo la deja en el terreno de lo no exigible, desprovista de toda objetividad; la hipótesis, en cambio, puede ser sometida a prueba y su falsedad puede ser demostrada; por otra parte, la investigación de las formas de organización social puede revelar la función ideológica de tales creencias, supuestos y expresiones doctrinales.

8

Lo anterior supone la distinción entre creencia y actitud. Supone también otras distinciones que no es indispensable discutir aquí, porque son generalmente aceptadas. Entre creencia y actitud la cuestión es más delicada, en primer lugar porque las relaciones entre ambas no son muy fáciles de establecer; en segundo lugar, porque algunas notas que se atribuyen a la actitud se pueden encontrar también en la creencia; y, finalmente, porque los filósofos tienden a reducir actitud a creencia —aunque las investigaciones de psicólogos y sociólogos no las confundan. Es necesario, por tanto, intentar una delimitación siquiera provisional de ambos conceptos para mostrar que la distinción debe ser mantenida.

La historia de la psicología filosófica ofrece innumerables ejemplos en apoyo de la distinción. Desde Aristóteles que estableció para los fenómenos psíquicos la separación básica entre pensamiento y apetito, y Kant que mantuvo esa clasificación bipartita, reuniendo en una de las clases los sentimientos y las tendencias, hasta Brentano que dividió en tres clases capitales las actividades psíquicas, atendiendo a la diversa modalidad de referirse cada una a sus contenidos. Brentano separó las representaciones y los juicios de una tercera clase de fenómenos que denominó en forma unitaria como "emociones, interés y amor" —no sin advertir la polaridad de estos últimos que se pone en evidencia en parejas de términos, como deseo-aversión, atracción-rechazo. Pero la tradición en ningún caso sería suficiente apoyo en el problema planteado por las relaciones entre creencia y actitud. Menos todavía cuando coincide con una manera tradicional de entender la creencia que debe ser seriamente revisada.

La tradición tuvo siempre a la creencia como el mero pensar o expresar un juicio con asentimiento, y estableció grados para este asentimiento, pero sin llegar a considerarla nunca como algo más que un acontecimiento mental. Sucede con la creencia —como sucede también con la actitud— que puede ser vista como una ocurrencia aislada y, sin embargo, cabe hacer de ella un análisis más completo y más justo si se la considera como una disposición, que es además una multiforme disposición. Éste es el punto de vista de la filosofía contemporánea y, por supuesto, el único que plantea el problema de distinguir cuidadosamente creencia y actitud. El análisis de creencia como simple acontecimiento mental no ofrecería dificultad alguna, porque la haría aparecer de inmediato como relacionada con la actitud, de la misma manera que cualquiera de sus manifestaciones: en este caso, una manifestación de asentimiento ante una determinada proposición. Sería fácil descubrir, por ejemplo, que en cuanto acontecimientos mentales no es lo mismo decir "yo creo que p", en vez de decir "yo no creo que no-p"; puesto que la primera expresión manifiesta una creencia y la segunda un sentimiento de incredulidad. Y tampoco habría razón para dudar que en los dos casos se da expresión a una misma actitud.

Sin embargo, la cuestión no es tan simple. Creer y conocer son, como actitud, términos disposicionales, y las creencias se relacionan con la acción y con la actitud de manera tal que sólo por abstracción se pueden considerar como fenómenos separados. El punto que interesa es precisamente aclarar esa relación.

Como primer intento podemos imaginar un pequeño monstruo, un sujeto semejante a un ser humano capaz de todas aquellas preferencias y aversiones, amores y odios, aspiraciones y deseos que se dan en los seres humanos. Podemos imaginar todavía que este sujeto fuera capaz de todas esas disposiciones que hemos dicho que constituyen una actitud, salvo de aquella que se refiere a juicios de creencia. Vamos a suponer que fuera posible a este extraño sujeto hacer juicios de valor sobre las cosas y los acontecimientos del mundo, pero sin saber o creer apenas nada acerca de ellos que no fuera lo indispensable para identificarlos en su estimación. ¿Cómo serían las acciones de este sujeto? ¿Cómo podríamos preverlas y comprenderlas? Tal vez, si atendemos a la declaración de sus juicios de valor y observamos sus estados emocionales, podríamos estar al tanto de sus aspiraciones e incluso descubrir cierta unidad y correspondencia entre sus ideales y sus emociones, pero no podríamos predecir el curso de sus acciones. Desprovisto de creencias acerca de la realidad, el impulso errático de su proceder sería para nosotros tan absurdo como imprevisible, además de absolutamente ineficaz para el logro de sus propias metas. El absurdo de una acción que contempla sus fines más o menos con claridad y, sin embargo, no puede elegir el camino racional para llegar a ellos.

Podemos imaginar también un sujeto de características opuestas, en posesión de un amplio cuerpo de creencias acerca de toda la realidad y sin capacidad para la duda. Desprovisto además de toda forma de impulso y preferencia, de intereses, aspiraciones y deseos, es decir, de todas aquellas disposiciones que constituyen la actitud, salvo la de hacer juicios de creencia. ¿Cómo serían las acciones de este extraño individuo y qué podríamos esperar de ellas? Probablemente, si sus creencias fueran verdaderas, este sujeto estaría en condiciones de comprender la totalidad de la realidad, su funcionamiento y sus leyes y, en consecuencia, descubrir también todos los cursos de acción posibles en el mundo hasta el límite de sus creencias. Pero al no percibir en las cosas y los acontecimientos ningún rasgo o cualidad que para él sea de particular interés como deseable y preferente por sí mismo, no tendrá capacidad de opción entre sus diversas posibilidades de conducta. La creencia puede mover a la acción, según se ha dicho antes, mas sólo en las circunstancias apropiadas que vamos a señalar en seguida. En la situación excepcional del ejemplo, aunque conociéramos todas las creencias del sujeto por sus declaraciones y, en consecuencia, pudiéramos hacer hipótesis muy seguras sobre varios posibles cursos de acción, no estaríamos en condiciones de predecir cuál de esas posibilidades eligiría. Ni siquiera sería posible suponer que escogiera las alternativas de apariencia más objetiva, las más eficaces o de mayores logros cuantitativos, porque ya implican criterios de valor.

Por contraste con la situación excepcional de los sujetos imaginados, será más fácil señalar las condiciones normales de la acción humana en el ángulo que nos interesa. Lo primero que se puede advertir es que los psicólogos no contemplan los fenómenos que nombramos con los términos de actitud, creencia y acción como fenómenos separados, sino en mutua interacción. Lo segundo, que para hacer inteligible una acción humana, explicar sus motivos y hacerse cargo de sus antecedentes es indispensable hacer jugar los dos conceptos: creencia y actitud.

La investigación de una actitud y de sus fuentes en el sentido más amplio nos permite explicar los motivos de una acción, al revelarnos cómo se han formado las inclinaciones y las preferencias del sujeto, sus orientaciones de valor que le permiten repartir por orden de mérito todos los posibles cursos de acción. Y ésta es una explicación de causas psicológicas, que mantienen con la conducta una relación contingente y en cierto modo externa. La importancia de las experiencias de vida y de los estados emotivos en este proceso no impide un elemento cognoscitivo —que es un primer núcleo de creencia en el mismo punto de arranque de la actitud. Pero tampoco permite que las expresiones de ésta se presenten como enunciados perdominantemente descriptivos.

También se puede explicar el surgimiento de una creencia, por ejemplo, a partir de una actitud, pero la explicación no alcanza al valor de verdad de la creencia misma que rebasa las condiciones del sujeto y de su situación. Esta dimensión de la creencia ya no reproduce las condiciones del sujeto, sino que intenta describir ciertos rasgos de la realidad y mantiene con la actitud una relación puramente interna de justificación: una relación lógica o conceptual. Semejante relación, que se ha venido afirmando en los dos parágrafos anteriores, es la que permite descubrir el principal aspecto de las actitudes que puede ser objeto de examen racional. Es sobre todo por su conexión con la creencia por lo que se puede decir de una actitud que es más o menos racional o plausible, que está más o menos justificada. Nunca será bastante esta conexión para hablar de una actitud como lo hacemos de las creencias mismas, en el sentido de decir que son verdaderas o falsas. El mayor peso de la actitud sigue siendo emotivo y evaluativo, su principal función mover la actividad y orientar la tendencia. En la creencia tiene mayor peso la dimensión de verdad o falsedad y, aunque pueda mover a la acción, su función primera es meramente cognoscitiva y justificadora.

La relación de la creencia con la acción, como ha sostenido MacIntyre, es exactamente de la misma naturaleza que la relación acabada de examinar entre la creencia y la actitud. Cuando decimos que una acción se sigue de una creencia, estamos tratando de señalar un antecedente lógico, no de exhibir una explicación causal de orden biográfico o psicológico. Si sabemos que alguien cree una determinada proposición, podemos contar con que la incluye en su almacén de premisas y, en un momento dado, estará dispuesto a usarla como pieza de un razonamiento práctico. Lo que Aristóteles llamaba el silogismo práctico es precisamente una acción derivada de una premisa de creencia —de la misma manera que se deriva una conclusión teórica. Esto es lo que se quiere decir, nada más, cuando se afirma de una acción que es indicadora de una creencia determinada en el sujeto que la realiza.

De este modo resulta comprensible que no todas las creencias tengan igual relevancia para la acción y que algunas no tengan absolutamente ninguna. Hay creencias que no llegan a tener más punto de contacto con nuestra conducta que aquel que deriva de que estamos dispuestos a sostenerlas verbalmente, como puede ser la creencia en algún insignificante y remoto acontecimiento astronómico o histórico. Pero aun las creencias que son relevantes sólo importan realmente para justificar una acción al enlazarse como piezas de un razonamiento práctico.

Lo anterior, sin embargo, no deja de ser una manera de considerar aisladamente a las creencias. En circunstancias apropiadas, una creencia se organiza con otras y, sin dejar de cumplir su función cognoscitiva y justificadora, se incorpora a una actitud y opera también como motivo. Establecida la orientación evaluativa en que consiste la actitud, las creencias permiten descubrir todos los cursos posibles de acción y repartirlos por orden de mérito, permitiendo además elegir aquellas alternativas que garantizan los mejores logros de las consecuencias totales de la acción.

Todas las actitudes incorporan creencias, aunque no todas las creencias son necesariamente partes de actitudes, han dicho Krech y Crutchfield al defender la distinción de que venimos hablando. Al incorporar creencias, una actitud amplía su contenido de realidad y con ello el campo de sus justificaciones, que es a su vez el ángulo ofrecido a la discusión racional. Por su parte, las creencias, al ser incorporadas, resultan objeto de correcciones y de ajustes, como consecuencia de su nueva disposición sistemática en un cuerpo de doctrina de pretensiones totalizadoras. De esta manera aumentan las creencias su relevancia para la acción y pueden operar incluso como motivos en la medida en que interceden y abogan por una acción determinada con la doble autoridad que deriva de su propio carácter lógico y de la fuerza emotiva de la actitud. Aunque nada de esto haga cambiar su valor de verdad desde el punto de vista del análisis racional.

Ya se ha dicho antes que, cuando estos cuerpos de doctrina se ofrecen con la pretensión de comprender a un tiempo la acción humana y la estructura de la realidad, constituyen lo que se llama una concepción del mundo. Se trata, a veces, de verdaderas proezas de la inteligencia para fundir con equilibrio los motivos de la acción y sus antecedentes lógicos en un solo discurso. Hay que añadir que el equilibrio no es fácil en concepciones de esta naturaleza: cuenta más la disposición evaluativa y sistemática que el contenido de verdad de cada una de las creencias aisladamente consideradas. Todo sucede como si las creencias cumplieran la tarea de jerarquizar y guiar las acciones, y la actitud generalizadora la de jerarquizar y guiar las creencias. Este rasgo notable se puede ilustrar con el comentario que alguna vez hizo Frank P. Ramsey a la conferencia en que un gran filósofo expuso su visión del mundo. La conferencia llevaba el título *Lo que yo creo;* Ramsey opinó que debía llamarse *Lo que yo siento.*

Llamar la atención sobre este lugar secundario que de hecho vienen a ocupar los antecedentes de creencia frente a las tendencias de la acción, dentro de una concepción del mundo, no significa afirmar el carácter fundamental de las actitudes frente a las creencias. Es probable que se trate más bien de dos conceptos básicos, ambos indispensables para comprender las complicadas cuestiones de la acción humana, por designar sendas clases de fenómenos de conciencia que se dan a menudo en forma inseparable.

El asunto representa, sin embargo, una muy ardua dificultad. Estoy convencido de la necesidad de mantener en juego los dos conceptos, pero por ahora no podría añadir nada más preciso. Tampoco quisiera dejar la impresión de unanimidad entre los investigadores de las ciencias sociales que han tratado expresamente la cuestión, aunque sean muy escasas las voces discordantes. Una de estas voces discordantes es la de Milton Rokeach, y me parece necesario advertir cuál es la vía que elige.

Rokeach anula la distinción conceptual entre creencia y actitud, al definir ésta simplemente como una organización relativamente duradera de creencias. Después registra en la actitud —con algunas diferencias de matiz— las mismas variadas disposiciones que han quedado anotadas en los primeros parágrafos de este trabajo. Y no tropieza con ningún obstáculo al hacer tal registro, porque previamente ha adelantado una definición de creencia de tal generalidad que encierra todas estas disposiciones descriptivas, evaluativas y de tendencia —que ya no podemos discutir aquí. La preocupación de Rokeach, que parece estar por debajo de su tesis, es eliminar toda posibilidad de concebir la actitud como un elemento irreductible dentro de la personalidad, que pudiera ser entendido aparte de sus manifestaciones. Pero tal peligro podría ser eliminado por otro camino: la noción de actitud que hemos estudiado no hace referencia a otra cosa que a un conjunto de disposiciones inferidas de la observación de ciertas conductas y a la conexión entre ellas igualmente observable.

9

Lo que se acaba de decir de la forma en que las actitudes incorporan creencias confirma plenamente las funciones morales de las actitudes y de sus expresiones doctrinales, es decir, su función justificadora de la acción. Lo mismo la vida individual que las empresas colectivas exigen ideales orientadores y recursos de diversa índole para abreviar los pasos de la acción sobre ciertas líneas que ni pueden ser la espontaneidad pura ni pueden ser establecidas por conocimientos rigurosos —no importa ahora si por insuficiencia actual o por incapacidad de naturaleza de la ciencia. Mas el reconocimiento de estas exigencias no impide aceptar la función crítica que corresponde a la filosofía en sentido estricto —naturalmente con el auxilio indispensable de las ciencias— sobre aquellos productos culturales y, de manera indirecta, sobre las propias actitudes.

Para orientar su conducta los hombres se sirven de una imagen del mundo, de un sistema de ideales y de creencias, pero la urgencia de la acción y la dependencia de estas formaciones culturales respecto de las propias actitudes hacen muy difícil enfrentar tales formaciones de una manera racional y lúcida. La incorregible vocación de los metafísicos en busca de un conocimiento riguroso ilustra claramente esta dificultad. Algunos marxistas son menos ingenuos y presentan sus doctrinas a la vez como ciencia e ideología, como conocimiento riguroso al mismo tiempo que como expresión de actitudes.

Frente a la impaciencia de los moralistas, no parece quedar a la filosofía otro camino que el de hacer patente el carácter provisional y no fundado de aquellas concepciones que al venir en auxilio de la acción moral contribuyen a su eficacia práctica. Este doble reconocimiento permite retomar la cuestión planteada en las primeras páginas de este ensayo: una vez mostrado el ángulo de la distinción entre la filosofía como expresión de actitudes y la filosofía como actividad metódica rigurosamente racional, es posible admitir no sólo su compatibilidad práctica sino su relación en el plano teórico. Sin negar otras conexiones posibles y, sobre todo, sin dejar de repetir nuestra advertencia en el sentido de que lo que ahora se apunta es apenas una primera respuesta necesitada de más detallados desarrollos, podemos concluir con un par de breves consideraciones.

Una concepción del mundo podría ser descrita como una hipótesis muy general y de muy largo alcance. Aparentemente nada impide preparar, a partir de ella, predicciones sobre acontecimientos futuros o deducir ciertos enunciados de nivel menos general que puedan ser sometidos a procedimientos de prueba. Pero sería un error suponer que se trata efectivamente de una hipótesis científica, útil para el avance de los conocimientos. Es necesario tener en cuenta que una concepción del mundo no sólo contiene enunciados fácticos sino preponderantemente enunciados de valor y suele mezclar, al lado de creencias de toda índole, tantos motivos subordinados a la actitud y a la acción que no cabe establecer entre ellos enlace estrictamente racional. Esta mezcla y falta de enlace impiden realmente que el examen de un enunciado afecte a la concepción del mundo en toda su generalidad, le permiten absorber cualquier objeción a elementos particulares aceptando cambios menores y, en rigor, la hacen permanecer más allá de los riesgos de la refutación.

Es verdad que un investigador puede preparar sus conjeturas con cierta libertad y, en principio, obedecer para ello a los más diversos estímulos, que no excluyen las propias concepciones del mundo; pero también es verdad que la hipótesis que anticipa a título provisional debe cumplir algunos requisitos, entre los cuales no es precisamente el menor su capacidad para ser contrastada con la experiencia. Ésta es la razón de que las ciencias empíricas tomen por lo común como punto de partida una clase de enunciados metódicamente seleccionados y contrastables por observación intersubjetiva, para después integrar una teoría más general que, una vez experimentada, permitirá ensayar nuevas hipótesis con mayor nivel de universalidad. Las concepciones del mundo, al contrario, tienen como punto de arranque la totalidad de los enunciados que un individuo acepta acerca de la totalidad de la realidad, sin otras bases que su propia experiencia vivida.

La marcha de la investigación científica adelanta exactamente en sentido inverso a como proceden las concepciones del mundo, por eso mismo no puede utilizarlas como hipótesis de trabajo. Menos todavía puede decirse que las necesite como fundamento, cuando lo que requiere para su tarea es el establecimiento de enunciados corroborados relativos a hechos empíricos bien delimitados y, cuando más, la elucidación de cuestiones lógicas y epistemológicas igualmente precisas que nada tienen que ver con las opiniones de los hombres sabios. Algo semejante puede decirse de la filosofía en sentido estricto, en la medida en que ha renunciado a una visión íntegra de la totalidad del universo y sabe disciplinar sus puntos de vista al desarrollo de un saber objetivo y fragmentario. Sin embargo, en este punto cabe una excepción: cuando en el curso de su trabajo el científico se encuentra con que tiene que aplicar criterios que no son completamente neutrales —por ejemplo, al elegir entre varias hipótesis— y para ello acudir a ideas organizadoras muy generales o a marcos de referencia muy cercanos a sus propias concepciones del mundo.

Otro problema totalmente distinto es el de la justificación moral de la filosofía en sentido estricto como tarea humana o ejercicio profesional, que no es sino un caso particular de la justificación de cualquier conducta y, por tanto, abre la perspectiva de la relación entre la función moral de las actitudes y de las concepciones del mundo con la filosofía considerada como una actividad dirigida a obtener conocimientos. Pero éste no es asunto que pueda ser tratado aquí. Lo que nos interesa, y constituye el último punto por considerar en este ensayo, es la función crítica de la filosofía en sentido estricto frente a las concepciones del mundo e, indirectamente, frente a las actitudes.

La filosofía en sentido estricto se enfrenta a las concepciones del mundo, como a las ciencias, a las artes y a cualquiera de los sectores de la vida cultural de las sociedades; pero no se confunde con ninguno de ellos, sencillamente porque no pretende remplazarlos. A la filosofía no le corresponde determinar los ideales de la vida y no disputa ni con los moralistas ni con los políticos el derecho a darles una formulación adecuada o a propagarlos; ni con los investigadores de la psicología y las ciencias sociales el derecho a explorar sus complejos orígenes. Todavía más, la filosofía se empeña en mantener muy claramente la distinción de las tareas.

La confusión de límites y la mezcla arbitraria de procedimientos nunca ha sido provechosa para ninguna disciplina. Para la filosofía, el distinguir las propias tareas de los empeños de los moralistas y de los metafísicos ha significado un avance considerable. En la medida en que la filosofía abandona los lenguajes equívocos y se niega a presentarse como creadora y defensora de los ideales de la humanidad, es decir, en la medida en que deja en manos de la sabiduría la función práctica orientadora de actitudes, se hace apta para conducirnos a determinados conocimientos. Por ejemplo, a conocimientos sobre la coherencia de los ideales, la compatibilidad de las normas, la validez de los supuestos y de las concepciones doctrinales que se asocian a aquellos ideales; y también puede advertirnos sobre la manera de usar la información de las ciencias empíricas en asuntos relacionados con nuestras acciones y con la transformación efectiva del mundo. En cambio, si subsiste la confusión y se mezclan los atributos de los conceptos teóricos con las consignas prácticas, no sólo se hace más difícil el acceso a los conocimientos válidos y la acción se entorpece, sino que las doctrinas metafísicas, morales y políticas acaban por adquirir un tono autoritario y dogmático.

Separadas las tareas, la filosofía guarda su interés predominantemente cognoscitivo y permanece en posesión de los instrumentos del análisis. Con estas armas cumple, en primer lugar, una función pedagógica. A todo aquel que se ejercita en ella enseña hábitos de pensamiento crítico, penetración lógica, destreza para seguir el argumento, precaución frente a creencias y principios. La naturaleza de las cuestiones que plantea la justificación de las actitudes no permite que se dicten reglas metódicas para su solución inmediata, pero es indudable que, si se atiende a la complejidad del asunto y se disciplina el discurso moral, las reacciones derivadas de una actitud serán más eficaces, más prudentes y más sabias.

La función fundamental y más característica de la filosofía es, sin embargo, menos directa. Se trata de una función crítica que de ninguna manera tiende simplemente a suprimir la variedad de las actitudes o a unificar el universo de los ideales morales y de las concepciones del mundo. La mera idea de un intento de uniformidad bajo un solo patrón resulta tan intolerable como cualquier sistema metafísico con pretensiones de verdad objetiva. La función crítica de la filosofía no pretende empobrecer el escenario de los ideales humanos y de los modelos personales de virtud moral —del que todos somos cautivos en mayor o menor grado— entre otras razones porque su conocimiento de la variedad de las fuentes de la actitud y de la complejidad de la experiencia moral le impiden dar por supuesto que todas las cuestiones relacionadas con los principios últimos de la moralidad pueden tener una solución cognoscitiva. Cuando tales soluciones no son posibles, la filosofía en sentido estricto, como la ciencia, tiene que decir que el problema no puede ser resuelto y considerar que su respuesta es completa. Si se trata de asuntos prácticos de la mayor importancia frente a los cuales no se puede permanecer indiferente, los hombres toman decisiones, realizan actos y hacen evaluación de sus consecuencias. Y como todo esto se hace a partir de actitudes, queda garantizada la pluralidad de los ideales y de los intentos de justificación.

Lo que hace la filosofía al cumplir su función crítica es asegurar el permanente cuestionamiento de toda teoría moral o ideología, de toda concepción del mundo. Frente a la urgencia de las soluciones que impone el ritmo de la acción, la filosofía trata de mantener despierta la conciencia de la complejidad y ejercitar hasta el fin los instrumentos del análisis. En este empeño puede alcanzar, casi en su totalidad, a los elementos de cualquier concepción del mundo, al menos a todos aquellos que sean objetivamente discurso significativo —aunque el significado sea puramente emocional y sólo exprese estados subjetivos.

Al hacer claro el lenguaje de las teorías morales, exhibir la dependencia de las pautas de valor respecto de las creencias, examinar el fundamento de éstas y el rigor de los argumentos, la filosofía puede disolver falsas cuestiones, apartar los elementos puramente míticos y hacer que las afirmaciones de contenido empírico caigan dentro de los dominios acotados por las disciplinas científicas para aprobar sus credenciales de legitimidad. Y, todavía dentro de este campo, se une al trabajo de los expertos como filosofía del conocimiento científico y como crítica del uso social de tal conocimiento y de su justificación.

Semejante tarea, sólo en apariencia modesta, pone en

cuestión de manera definitiva el carácter absoluto de las doctrinas últimas de justificación moral y, en general, de las concepciones del mundo. Y, además, rompe lazos artificiales que en algunos momentos de su historia —la Ilustración, por ejemplo— unieron a la filosofía con la retórica para la defensa y la propagación de los ideales de la humanidad. Al hacerlo, la actividad filosófica recobra su tradición más vigorosa y firme: la tradición de la argumentación crítica.

Sería un error suponer, sin embargo, que tales esfuerzos teóricos y muy especialmente críticos carecen de consecuencias en la vida práctica. Sin insistir sobre los aspectos educativos más arriba apuntados, a propósito de la elucidación, corrección y disciplina de las doctrinas morales y de sus argumentos, conviene llamar la atención sobre un aspecto más directo. Hay que empezar por reconocer que la más laboriosa refutación de un error moral o metafísico no hace otra cosa que mostrar su verdadera estructura lógica, su significación teórica dentro de una doctrina o su función ideológica en una sociedad determinada; pero no le impide permanecer disponible como ideal de vida y ser manipulado como orientador de actitudes más o menos irracionales. Mas también es verdad que exhibir un prejuicio como lo que es, señalar una conducta como movida por un interés egoísta o mostrar las posibles consecuencias de una decisión irracional o coaccionada tiene que contribuir a multiplicar las oportunidades de decisiones libres, racionales, desinteresadas. La elucidación de las situaciones morales —por vía de la descalificación teórica de concepciones erróneas y de poner al alcance los datos empíricos y conceptuales que hacen posible menores márgenes de error—, considerada como tarea permanente, es una garantía de renovación y de progreso moral.

Precisamente porque la filosofía hace posible un número mayor de decisiones guiadas por el conocimiento, contribuye como ninguna otra actividad al progreso moral. Al educar a los hombres en la voluntad de conocer y en la disciplina de la argumentación crítica, deja en sus manos un instrumento necesario para cualquier intento serio de cambiar el mundo y un arma de inflexible rigor en la investigación de la verdad, que puede utilizarse también como una forma de violencia.

impreso en editorial melo, s.a.
av. año de juárez 226 local d - col. granjas san antonio
del. iztapalapa - 09070 méxico, d.f.
quinientos ejemplares y sobrantes para reposición
25 de mayo de 1991

www.ingramcontent.com/pod-product-compliance
Ingram Content Group UK Ltd.
Pitfield, Milton Keynes, MK11 3LW, UK
UKHW041837190726
13854UKWH00002B/591